_____ 님의 소중한 미래를 위해
이 책을 드립니다.

미국주식으로 만드는
두 번째 월급통장

성공적인 투자를 위한 미국주식의 모든 것

미국주식으로 만드는 두 번째 월급통장

최만수 · 선한결 · 맹진규 지음

메이트북스

메이트북스 우리는 책이 독자를 위한 것임을 잊지 않는다.
우리는 독자의 꿈을 사랑하고,
그 꿈이 실현될 수 있는 도구를 세상에 내놓는다.

미국주식으로 만드는 두 번째 월급통장

초판 1쇄 발행 2025년 11월 15일 | **지은이** 최만수·선한결·맹진규
펴낸곳 (주)원앤원콘텐츠그룹 | **펴낸이** 강현규·정영훈
등록번호 제301-2006-001호 | **등록일자** 2013년 5월 24일
주소 04607 서울시 중구 다산로 139 랜더스빌딩 5층 | **전화** (02)2234-7117
팩스 (02)2234-1086 | **홈페이지** matebooks.co.kr | **이메일** khg0109@hanmail.net
값 18,500원 | **ISBN** 979-11-6002-972-7 03320

잘못 만들어진 책은 구입하신 서점에서 교환해 드립니다.
이 책을 무단 복사·복제·전재하는 것은 저작권법에 저촉됩니다.

주식 시장은 인내심 없는 사람의 돈을
인내심 있는 사람에게 이동시키는 도구다.

• 워런 버핏(기업인이자 주식 투자자) •

| 지은이의 말 |

지금이라도 용기를 내서
미국주식에 올라탑시다!

"너 한국경제 증권부 기자라며, 돈 버는 방법 좀 알려줘. 당장 오를 종목은 뭐가 있을까?"

오랜만에 친구나 선후배들을 만나면 이런 질문을 정말 많이 받곤 합니다. 이 책은 그들의 질문에 답하기 위한 오랜 고민의 결과물입니다.

한국경제 증권부에서 총 6년을 근무하며 여의도 증권가부터 미국 월스트리트까지 돈이 흐르는 곳을 끊임없이 찾아다녔습니다. 박현주 미래에셋그룹 회장부터 무명의 재야고수까지 수많은 투자 구루들을 만났습니다. 오랜 고민 끝에 내린 결론은 '이 세상 어디에도 돈을 쉽게 벌 수 있는 비법은 없다'는 것입니다.

단기적 승리에 환호하는 투자자들도 있겠지만, 그건 운이 좋았을 뿐입니다. 그 승리가 장기적으로 반복될 가능성은 낮습니다. 이는 카지노에서 슬롯머신을 돌리는 것과 같습니다. 개인이 아무리 유튜브나 책을 보고 열심히 주식공부를 한들, 24시간 주식만 생각하고 연구하고 투자현장을 누비는 월스트리트와 여의도 펀드 매니저들의 집단지성을 이기는 건 정말 어려운 일입니다. 냉정히 말해서 게임이 안 됩니다.

하루 종일 산업경제 현장에서 정보를 찾아다니는 경제신문 기자 중에서도 투자에 성공한 사례를 찾는 건 쉽지 않습니다. 돌이켜보니 저 역시 수많은 대박 기회를 놓쳤습니다. LG에너지솔루션 IPO, 행동주의 펀드의 에스엠 공격 등 굵직한 특종을 다루고도 왜 관련주 급등을 예측하지 못했을까요. 매일 내로라하는 펀드매니저들을 만나 추천종목을 받고도 왜 과감한 투자결정을 내리지 못했을까요.

많은 취재 경험 끝에 내린 결론은 정보나 기술 등은 생각보다 투자에 중요하지 않다는 것입니다. 경기지표, 유가, 환율 등 거시경제가 흔들리는 순간, 개별주식은 태평양 한가운데 뜬 나룻배가 됩니다. 거대한 자본을 가진 월가 투자은행이나 세력에 개인은 상대도 되지 않습니다. 파도 한 번에 배는 뒤집힙니다.

개인투자자는 무엇보다 우리를 둘러싼 투자환경이 절대적으로 기관과 외국인에 유리하다는 사실을 인정해야 합니다. 리딩방, 작전주, 단타로는 그들을 이길 수 없습니다. 그렇다면 투자를 포기하고 예적금에만 돈을 넣어야 할까요? 이 또한 좋은 선택이 아닙니다. 미국과 중국의 무역전쟁으로 인플레이션은 고착화될 가능성이 높습니다. 모든 것이 오르는 인플레이션 시대에 돈을 굴리지 않으면 앉아서 돈을 까먹습니다.

개인이 투자에 성공하려면 기득권의 흐름을 쫓아 '좋은 자산'에 '장기적'으로 '인내심'을 갖고 투자해야 합니다. 그리고 현 시점에서 이 기준에 가장 잘 부합하는 자산은 바로 미국주식입니다.

버크셔해서웨이 회장인 투자의 대가 워런 버핏은 유서에 "내가 죽으면 재산의 90%는 S&P500 인덱스펀드에, 나머지 10%는 미국 국채에 투자하라"고 썼습니다. 그의 말대로 2013년 S&P500지수에 1억 원을 넣었다면 그 돈은 현재 6억 원으로 불어나 있을 것입니다. 출렁거림은 있어도 결국 올라간다는 것을 미국주식 시장은 지난 수십 년간 증명해왔습니다.

미래는 누구도 알 수 없지만 향후 몇 년간 미국의 '승자 독식' 구도가 그대로 이어질 가능성이 큽니다. 모두가 잘 먹고 잘 살 수 있던 시대는 끝났습니다. 지난 수십 년간 세계 경제의 기반이 되었던 자유무역 체제는 막을 내리고 있습니다. '아메리카 퍼스트'를 내건 도널드 트럼프 대통령의 재집권으로 이 같은 흐름은 더욱 강화될 것입니다.

여기에 인공지능(AI) 혁명은 미국 경제의 독주를 강화할 가능성이 큽니다. AI는 모든 것의 판도를 뒤엎을 잠재력을 지닌 파괴적 기술입니다. 제조업·금융업·바이오 등 산업 전 분야에서 AI 인프라를 갖춘 곳과 그렇지 않은 곳의 차이는 극명하게 벌어질 것입니다. 엔비디아·마이크로소프트·브로드컴 등 혁신기업을 앞세운 미국은 AI 기술 경쟁력에서 전 세계 모든 연구개발(R&D) 역량을 합친 것보다 멀

찌감치 더 앞서가는 중입니다.

한국의 상황은 어떤가요? 저출산 고령화로 저성장은 이미 고착화되고 있습니다. '잃어버린 30년'은 더 이상 일본만의 이야기가 아닐지도 모릅니다. 주식이든 부동산이든 국내에만 돈을 머무르게 해서는 미래를 보장할 수 없습니다.

다행히 미국주식 거래는 과거에 비해 너무나 간편해졌습니다. 인터넷 쇼핑몰에서 물건을 주문하듯이 언제 어디서든 스마트폰으로 애플, 엔비디아, 테슬라 주식을 사고팔 수 있습니다. 주식시장의 변동성이 두렵다면 리스크를 헤지할 수 있는 상장지수펀드(ETF)를 모아 버핏처럼 투자할 수도 있습니다. 용기를 내서 지금이라도 잘나가는 말에 올라타보는 게 어떨까요.

이 책이 미국주식 투자에 대한 막연한 두려움을 떨칠 수 있는 이정표가 될 수 있기를 바랍니다. 정신없이 바쁜 와중에도 책 집필을 함께해준 선한결, 맹진규 두 한국경제신문 후배들에게 가장 큰 고마움을 전합니다. 실력뿐 아니라 인격적으로도 제가 존경하는 후배들입니다. 그들이 아니었다면 긴 여정을 마치지 못했을 것입니다. 이 책이 여러분의 자산증식과 노후자금 마련에 조금이나마 도움이 되길 기원합니다.

저자들을 대표하여, 최만수

| 차례 |

6   지은이의 말 - 지금이라도 용기를 내서 미국주식에 올라탑시다!

왜 미국에 투자해야 하는가

17   트럼프 시대, 미국만 더 강해진다
23   미국 정부가 보장하는 S&P500
29   기축 통화국의 절대 강점
35   AI 혁명을 주도하는 미국의 힘
40   너무나 주주 친화적인 미국 기업 문화
46   미국의 최대 아킬레스건, 정부 부채 폭탄

미국 투자의 첫걸음은 M7부터

55	테슬라, 보호무역 시대에 더 강하다
61	엔비디아, AI 시대의 대장주
68	알파벳, 모든 혁신은 구글로부터
75	마이크로소프트, 'AI 쩐의 전쟁'의 승자
82	메타, 종착역은 결국 플랫폼
89	애플, 세계 최고 주주환원율
95	아마존, 세상의 모든 것을 담다

AI부터 바이오, 우주항공까지 뉴M7을 찾아라

107	브로드컴·팔란티어, AI 시대의 강자들
113	AI 시대는 전력 인프라와 원전부터
120	치매, 비만, 암, 불치병을 AI로 극복한다
127	우주항공에 진심인 트럼프 대통령
133	판을 뒤집을 양자컴퓨팅
140	버핏이 반한 전통의 강자들
146	차세대 금융 인프라로 부상한 스테이블코인

미국주식에 투자할 때 꼭 알아야 할 것들

157	너무 비싸 못 사겠다? M7 기업 분석법
163	미국주식에 투자하려면 이것만큼은 꼭 체크하기
169	미국 증시에서 비트코인에 간접투자하는 방법
175	미국주식으로 돈 벌면 세금은 피할 수 없다
181	돈이 몰리는 곳에 투자하라

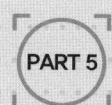

포트폴리오의 기본은 ETF부터

191	ETF로 투자하면 이보다 간편할 수 없다
198	개별종목 투자보다 지수 투자가 좋은 이유
204	VOO·SPY·QQQ, 서학개미가 찍은 ETF들
211	곱버스 넘어 세 배까지도 투자한다
218	세금·거래비용·환헤지, ETF 선택 시 체크 포인트

실전 미국 포트폴리오 짜기

- 229   거인의 어깨에 올라타자
- 235   배당 킹 모아 월세 달력 만들기
- 241   미국주식 투자, 최적의 타이밍은?
- 247   주식과 채권의 균형은 필수다

잠자는 연금계좌를 깨워보자

- 257   연금 백만장자가 넘치는 미국
- 264   미국이 아닌 다른 나라에 투자한다면?
- 271   연금계좌에 넣으면 좋은 ETF TOP 10
- 277   퇴직연금 고수들은 무얼 담았을까?

미국 증시는 전 세계 자본시장의 중심이자 가장 큰 무대다. 위기 때마다 더 강해지는 달러와 높아지는 기축통화국의 지위는 미국 자산의 가치를 단단히 지켜냈다. AI·바이오·우주항공 등 차세대 산업을 주도하는 기업들도 대부분 미국에 뿌리를 두고 있다. 세계 최고의 주주 친화적 문화와 투명한 제도 역시 미국 투자의 매력이다. 1장에서는 왜 미국이 글로벌 투자자의 필수 무대인지, 그리고 미국주식이 장기적으로 독보적인 수익처가 될 수밖에 없는지 그 이유를 살펴본다.

PART 1

왜 미국에 투자해야 하는가

트럼프 시대, 미국만 더 강해진다

미국 증시는 글로벌 금융위기와 코로나19 같은 숱한 충격 속에서도 꾸준히 성장해왔다. 트럼프의 자국 우선주의는 이 흐름을 더욱 가속화하며, 미국 독주 체제를 굳히게 될 것이다.

해외투자가 필수인 시대

"내가 죽으면 재산의 90%는 S&P500 인덱스펀드에, 나머지 10%는 미국 국채에 투자하라."

버크셔해서웨이 회장인 투자의 대가 워런 버핏이 2013년 작성한 유서의 내용이다. 그의 말대로 2013년 S&P500지수에 1억 원을 투자했다면, 그 돈이 2024년 말에는 6억 원으로 불어났을 것이다.

테슬라, 마이크로소프트, 엔비디아 등 미국주식시장의 '스타'들을 골라 투자한 것도 아니고, 아무 생각 없이 그저 미국 대표 500개 회사를 모은 지수에만 기계적으로 투자해도 이런 결과가 나온다. 모두가 부러워하는 강남아파트 수익률을 아득하게 앞선다.

같은 기간 동안 한국 주식시장에 1억 원을 투자했다면 결과는 어떻게 되었을까? 현재 통장잔고는 1억 2천만 원에 불과할 것이다. 물가 상승률을 감안하면 사실상 손해를 본 셈이다. 코스피지수는 2007년 2000선을 처음 돌파했는데 17년이 지난 2024년 말까지도 제자리 수준을 맴돌았다.

한국의 경제성장률은 나날이 떨어져가고 있다. 앞으로도 과거와 같은 성장세를 회복하지 못할 가능성이 크다. 세계에서 가장 낮은 출산율로 인해 경제성장을 이끌어야 할 청년인구 비율은 줄어들고 있다. 반대로 부양이 필요한 노인인구 비율은 늘어나고 있다. 고령화는 자연히 경제뿐 아니라 증시의 활력을 떨어뜨린다.

국내 투자만 해도 재산을 불릴 수 있었던 때가 있었다. 예적금 이자율이 20%를 넘었던 1980년대에는 고민할 필요 없이 은행에 돈을 맡기면 되었다. 1990년대 이후는 '강남아파트'로 대변되는 부동산의 시대였다. 2000년대에는 삼성전자에 적립식으로 투자하는 전략이 유행하기도 했다. 하지만 경제성장률이 뒷받침되지 않는 상황에서 예금·부동산·주식시장 모두 과거와 같은 수익률을 기대하기 어려워졌다. 삼성전자 불패 신화도 2020년대에 들어서면서 스러져가는 중이다.

한국의 경제 활력과 원화의 가치가 떨어질 수밖에 없다면 우리는 외부에서 투자 대안을 찾아야 한다. 다행히 IT기술의 발달로 2020년 이후에는 간편하게 해외주식에 투자할 수 있는 환경이 만들어졌다. 영어를 잘 못해도, 복잡한 주식용어를 몰라도 된다. 쿠팡이나 아마존에서 물건을 사듯 스마트폰으로 엔비디아, 마이크로소프트 등의 미국주식도 간편하게 사고팔 수 있는 세상이 된 것이다.

전 세계 주식시장의 54%가 미국

그렇다면 세계의 국가 중 우리는 왜 미국주식시장에 투자해야 할까? 무엇보다 미국주식시장이 가진 대표성을 꼽을 수 있다. 미국주식시장은 2025년 1월 기준으로 전 세계 주식시장 순자산의 60%를 차지하고 있다. 미국주식시장 하나가 세계 주식시장의 절반 이상을

• 미국 시가총액 비중

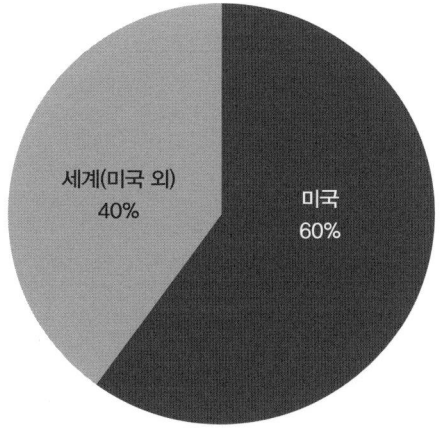

주: 2025.1 기준

점유하고 있는 것이다.

주식시장뿐 아니라 GDP 기준으로도 미국은 전 세계의 26%를 점유하고 있는 경제대국이다. 미국이 재채기를 하면 세계가 감기에 걸린다는 말이 괜히 나온 것이 아니다. 포트폴리오의 기본은 자산 배분이다. 글로벌 주식시장에 투자한다면 세계 주식시장의 60% 이상을 차지하는 미국 시장을 제외하고 포트폴리오를 짠다는 건 말이 안 된다.

게다가 미국은 기축통화인 '달러화'를 찍어내는 곳이다. 기축통화국의 위력은 위기상황일 때 더욱 부각된다. 미국 중앙은행의 통화정책에 따라서 원화는 물론, 전 세계 대부분의 통화가 출렁거린다. 1997년 외환위기와 2008년 금융위기 시절에 원달러 환율이 치솟았

• 미국 GDP 비중

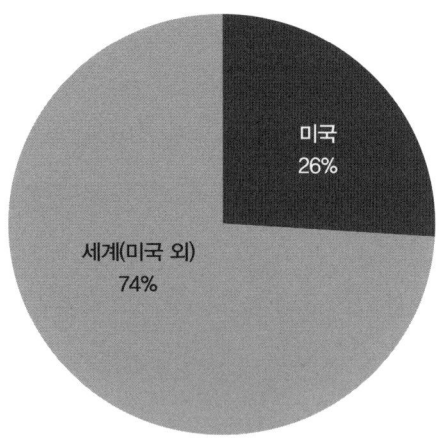

던 것을 떠올려보면 달러화 자산의 가치는 더욱 절실히 느껴진다.

미 정부는 팬데믹 충격에서 벗어난 뒤에도 인프라법, 반도체 및 과학법 등을 통해 매년 수조 달러를 뿌리고 있다. 재정 적자는 2023년에 GDP 대비 6.3%였고, 2024년에도 5.6%(브루킹스 추정)로 추정된다. 과거엔 경기 침체 때나 볼 수 있었던 수준이다. 다른 나라였으면 환율이 흔들리고 금리가 뛰었겠지만, 기축통화인 덕분에 달러 가치는 굳건하다. 미 정부가 국채를 마구 찍어내고 있지만 뉴욕 채권 시장에선 순조롭게 소화되고 있다.

트럼프 풋, 이번에도 이어질까?

미국 증시 대표 지수인 S&P500지수는 도널드 트럼프 대통령이 2017년 1월 첫 임기를 시작한 이후 약 1년 동안 24% 올랐다. 월가에서는 '트럼프 풋(Trump Put)'이 미국 증시의 강세를 견인한다고 얘기한다. 트럼프 풋이란 트럼프의 발언이나 그가 내놓는 정책이 주식시장에 긍정적인 영향을 미쳐 주가 하락을 막아낼 것이라는 기대나 믿음을 의미한다. 투자자가 풋 옵션으로 자산 가격 하락 위험을 피하는 것처럼, 트럼프의 발언이 증시를 떠받치는 상황을 가리켜 '트럼프'와 '풋'을 합친 '트럼프 풋'이라 표현했다.

트럼프는 첫 임기 때도 주식시장을 우선적으로 챙겼다. 그는 2020

년 10월, 언론에 "주식시장을 좋아하는지 아닌지와는 별개로 증시 상황은 역대 최고의 선행 지표"라고 강조했다. 트럼프 행정부는 주식시장이 불안할 때마다 소방수처럼 진화에 나섰다. 월스트리트저널이 "이제 투자자들은 연준 풋(완화적 통화정책에 따른 주가 상승)은 잊고 트럼프 풋에 주의를 기울일 때"라고 보도한 것도 이 같은 배경에서다.

트럼프 2.0 시대를 맞아 미국 증시의 독주체제는 더욱 강화될 것이란 전망이 많다. 도널드 트럼프 미국 대통령의 'MAGA(Make America Great Again·미국을 다시 위대하게)' 정책은 기존의 외교적 관계를 따르지 않는다. 관세 이슈에서 드러났듯이 예측이 어렵고, 미국 우선주의에 걸림돌이 된다고 판단하면 동맹국인 한국도 규제의 칼날을 피할 수 없다.

미국인이 아닌 입장에서 MAGA와 미국 우선주의가 달갑지 않을 수도 있다. 하지만 그런 미국에 투자하는 것만큼 든든한 것이 없다. 돈에는 국경이 없다. 우리의 노후를 위해 강한 자의 등에 올라타 실리를 챙기는 지혜가 필요하다.

미국 정부가 보장하는 S&P500

세계 최강대국의 군사력은 곧 시장의 신뢰를 뒷받침한다. 역사적으로 미국에 도전한 국가는 모두 몰락했고, S&P500은 그 신뢰 위에서 안전자산의 위상을 굳혀왔다.

미국 정부가 S&P500지수에 목숨 거는 이유

"미국 정부는 절대 S&P500지수가 급락하도록 놔두지 않는다."

미국 월스트리트의 증권사들을 취재하면서 현지 애널리스트와 펀드매니저들에게 가장 많이 들었던 말이다. 이유는 간단하다. 401K로 대표되는 미국 국민들의 노후자금 대부분이 주식시장에 들어 있기 때문이다. 가계자산의 80%가 부동산에 묶여 있는 한국과 달리 미국인 직장인들은 증시에 노후자금을 맡기고 있다. 이 때문에 약세장이 장기간 이어지면 민심이 크게 악화되고 정권 재창출도 어렵게 된다. 이것이 공화당이든 민주당이든 주식시장에 목을 맬 수밖에 없는 이유다.

S&P500지수는 1957년에 처음 지수를 산출한 이후 수많은 경제 위기와 경기 침체에도 불구하고 꾸준히 우상향하는 모습을 보였다. 1987년 블랙먼데이, 2001년 닷컴버블 붕괴, 2008년 글로벌 금융위기, 2020년 코로나19 사태까지 수많은 위기를 겪고도 결국은 하락분을 만회하고 세계 다른 증시보다 높은 회복탄력성을 증명했다. 한마디로 글로벌 투자시장에서 꾸준한 성적을 보장하는 장기 투자의 대표주자로 자리 잡은 것이다.

미국 증시는 '수질관리'도 철저하다. S&P500은 미국 뉴욕증시에 상장된 기업들의 기업규모, 유동성 등 정량적 평가와 지수위원회의 산업대표성 등을 포함한 정성적 평가를 합쳐 500개의 편입 기업을

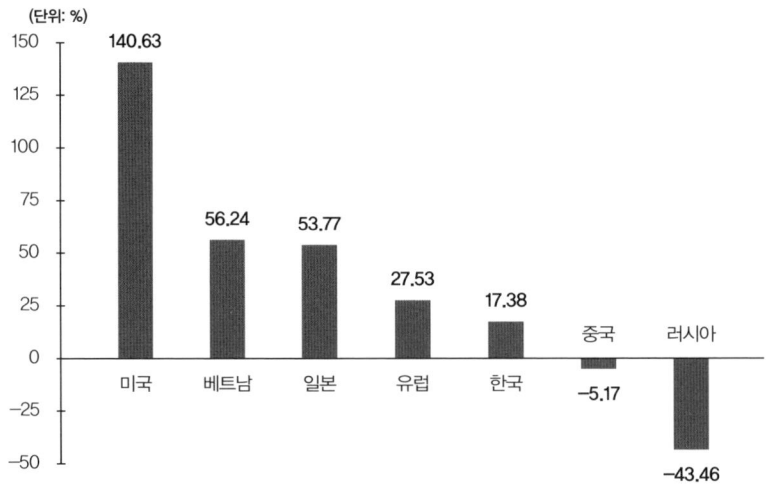

• 해외 주식형 펀드 5년 수익률

선정한다. 유동시가총액 가중방식으로 종목의 비중을 정하기 때문에 전체 시장의 모습을 파악하기에 가장 적합한 지수다.

정기적으로 순위가 바뀌며 산업의 발전과 쇠퇴에 따라 새로 들어오는 기업이 생기고, 퇴출되는 기업도 생긴다. 상장폐지가 마땅한 '좀비기업'들까지 그대로 지수에 넣어두는 코스피·코스닥 시장과 달리, 건강한 상장사만 편입해 지수가 하락하는 것을 방지한다.

그 결과 2024년 말 기준 미국주식형 펀드의 5년 수익률은 140.63%로 세계 1위를 기록했다. 같은 기간 글로벌 평균(60.53%)은 물론 국내 주식형(17.38%)을 2배 이상 앞섰다. 같은 기간, 중국 주식형 펀드의 수익률은 -5.17%로 뒷걸음질쳤다. 정부의 적극적인 부양의지와 지수관리가 독보적인 성적으로 증명된 것이다.

세계 최강 군사력이 지켜주는 자산

내 노후를 위해 장기투자 자금을 맡길 국가를 고를 때 안전보다 더 중요한 조건은 없을 것이다. 아무리 경제가 좋아도 전쟁이 나면 모든 것이 한순간에 휴지조각이 될 수 있기 때문이다.

미국은 군사적으로 압도적인 세계 최강국이며 아무리 다른 나라가 침략을 하려 해도 태평양과 대서양을 두고 대륙과 떨어진 지리적 여건상 군대를 상륙시키는 것조차 힘들다. 대륙을 통해 들어오려 한다고 해도 캐나다와 멕시코를 통과해야 하니 사실상 불가능에 가깝다. 미국에 돈을 갖다놓으면 아무도 못 건드린다는 얘기다.

1, 2차 세계대전을 겪었고 러시아의 위협을 받고 있는 유럽, 항상 주변국들과 갈등을 겪고 있는 중국 등을 생각해보면 지정학적으로 미국이 얼마나 안전한 국가인지 알 수 있을 것이다.

한국은 한국전쟁 이후 70년간 전쟁을 겪지 않았다. 미국의 패권이 동북아시아 정세의 균형을 지켰고 덕분에 빠르게 성장할 수 있었다. 하지만 지금은 중국이 성장하면서 서방세계와 갈등을 겪고 있다. 전쟁이 발생하지 않는 것이 좋겠지만 지정학적 불안은 점점 커지는 상황이다. 이는 중장기적으로 한국의 경제성장의 불확실성으로 다가온다. 그래서 군사적 힘을 갖추고 시장을 보호할 수 있는 나라에 투자하는 것이 더욱 중요해졌다.

세계 최강대국의 지위에 도전하면

"세계 최강국은 오로지 미국 하나여야 한다."

미국은 1차 세계대전 이후 세계 최강국에 올라선 뒤로 수단과 방법을 가리지 않고 이 같은 원칙을 지켜왔다.

40여 년 전 그 유명한 '플라자 합의'가 대표적인 사례다. 1985년 당시 미국은 경제적으로 급부상하는 일본 때문에 엄청난 무역적자에 시달리고 있었다. 경쟁력을 잃은 미국 제조업은 초토화되었다. 제너럴 일렉트릭은 소니에, 크라이슬러는 도요타에 밀려 파산위기에 처했다.

이에 위기의식을 느낀 미국은 일본과 독일을 압박해 일본 엔화와 독일 마르크화의 평가절상을 요구했다. 이를 플라자 합의라고 하며, 명백히 일본과 독일에 불리한 것이었지만, 양국은 국방을 미국에 맡기고 있었기 때문에 어쩔 수 없이 합의해주기로 했다. 이 플라자 합의 이후에 1985년 달러당 240엔대였던 엔화는 1987년 말 절반 수준인 130엔대까지 추락했고, 일본 기업들의 수출가격 경쟁력이 떨어지면서 일본은 '잃어버린 30년'을 겪게 된다.

일본이 패권국에서 멀어지고 2000년 이후 중국이 새로운 도전자로 부상하자 미국은 다시 견제에 나섰다. 2018년에 미중 무역분쟁이 일어난 뒤 중국이 미국으로부터 입은 경제적 피해는 막대하다.

중국의 기술력을 상징했던 화웨이는 이후 급격히 추락했다. 미국이 화웨이에 부품을 수출하는 모든 기업에 정부의 승인을 받아야 한다는 이유로 제재하면서 화웨이의 실적은 급격히 둔화되었다. 중국의 1위 파운드리 업체인 SMIC도 비슷한 제재를 받았고, 중국의 반도체 굴기는 큰 타격을 받았다.

2025년에 도널드 트럼프 대통령이 다시 집권하는 데 성공하면서 미중 무역갈등은 관세전쟁으로 비화하고 있다. 가혹한 관세로 중국을 세계 경제로부터 차단함으로써 무역 질서를 바꾸겠다는 것이다.

트럼프의 관세 정책은 관세 자체가 핵심이 아니다. 미국의 이익에 더 부합하는 새로운 지정학적 질서를 구축하려는 보다 큰 계획의 일환이다.

이미 중국 경제는 60년 만에 최악이란 말이 나올 정도로 상황이 좋지 않다. 국제금융기관들이 전망하는 중국의 경제성장률은 크게 낮아졌고, 실업률은 코로나19 이후 최고로 치솟았다. 아직 그 결과를 명확히 알 수 없지만 나치 독일, 소련, 일본에 이어 중국도 미국과의 경쟁에서 결국 패배할 것으로 보는 전망이 우세하다.

게다가 중국은 큰 문제를 하나 안고 있다. 인구가 급속히 줄어들고 있다는 점이다. 2023년 기준으로 중국의 출산율은 1.0명으로 한국(0.7명)보다 조금 나은 수준이다. 미국(1.6명)은 이보다 상대적으로 훨씬 양호한 상황이다.

중국과 유럽 등 다른 주요 경제권은 향후 30년 동안 인구가 연간 0.2~0.3%씩 감소할 것으로 예상되지만, 미국의 인구는 0.4%씩 성장할 것으로 전망된다. 미국이 중국보다 지속 가능한 성장을 위한 인구 통계학적 이점까지 갖고 있다는 얘기다.

기축 통화국의 절대 강점

달러는 위기 때마다 오히려 더 강해지는 역설을 보여왔다. 미국 기업들은 이러한 기축 통화 프리미엄을 안고 출발한다는 점에서 언제나 유리한 고지를 선점한다.

기축통화 국가가 되려면

미국주식시장에 투자하는 핵심 포인트 중 하나는 바로 미국이 기축통화국이란 점이다. 기축통화란 국제 사회에서 국가 간의 무역 대금을 결제하거나 금융거래할 때 중심이 되는 통화를 말한다. 현재는 미국 달러가 그 지위를 갖고 있다.

    기축통화가 되기 위해서는 몇 가지 조건이 필요하다. 무엇보다 압도적 군사력과 고도로 발달한 금융시장을 바탕으로 통화 가치의 안정성이 담보되어야 한다. 또 발행 국가의 신용도와 물가가 안정적이어야 하며, 통화를 전 세계에 충분히 공급해 여러 나라가 자유롭게 거래할 수 있는 교환성을 확보해야 한다.

대항해 시대에는 이처럼 까다로운 조건을 충족한 스페인이 기축통화국이었으며 그 다음에 네덜란드, 영국을 거쳐 2차 세계대전 이후에는 오랜 기간 미국이 기축통화 패권국의 지위를 누리고 있다.

출발선이 다른 미국 상장사들

미국 뉴욕증시 상장사들은 '기축통화'라는 엄청난 프리미엄을 등에 업고 세계 시장에 나선다. 반대로 얘기하면 전 세계의 수많은 기업은 이렇게 출발선부터 다른 미국 기업과 경쟁하고 있는 것이다.

전 세계 국가들은 무역을 하거나 석유를 사려면 기축통화인 달러가 필요하다. 그렇기 때문에 모든 국가는 환율에 민감할 수밖에 없다. 각국 중앙은행이나 금융시장 참여자들은 환율 변동에 따른 위험을 줄이기 위해 선물이나 옵션과 같은 파생상품을 활용해 안전장치를 마련한다. 무역이나 자본거래의 대금 결제일에 사전에 정한 환율로 거래하기로 하는 계약을 맺는 방식이다.

하지만 미국은 기축통화국이기 때문에 환율을 신경 쓰지 않아도 된다. 환율 변동의 위험을 줄이기 위한 비용도 거의 발생하지 않는다. 세계의 모든 기업이 기축통화에 대한 환율의 안정성을 확보하기 위해 힘쓰지만 미국 기업들은 자국 화폐가 기축통화라서 별다른 노력과 비용이 필요 없다. 이 같은 비용을 기술에 재투자해 경쟁력을 확보할 수 있다. 특히 다자간 무역에서 결제 효율이 극대화되는데 수출국에게서 받은 기축통화를 수입국에게 바로 지불하면 거래마다 거액의 환전을 할 필요가 사라진다.

또 미국은 어디서든 낮은 금리로 쉽게 돈을 빌릴 수 있다. 다른 국가들은 보유하고 있는 달러를 미국에 투자하거나 빌려주는 것이 이득이기 때문에 미국주식과 국채를 사고 부동산을 보유하게 된다. 그러니 미국 기업은 계속해서 저렴하게 차입할 수 있고 그 돈으로 성장하고 배당도 늘릴 수 있다.

위기에서 더 강해지는 달러

기축통화국인 미국은 모두가 갖고 싶어 하며 세계에서 가장 안전한 화폐인 달러를 자유롭게 찍어낼 수 있다. 미국은 매년 무역재정 적자 폭을 줄이기 위해 기축통화국의 발권력을 동원한다. 이 같은 능력은 경제 위기가 왔을 때 더욱 빛을 발한다. 2008년 금융위기 때 미국 중앙은행은 막대한 규모의 달러를 찍어내고 국채를 매입해 시중에 유동성을 공급함으로써 신용경색을 해소하고 경기를 부양시키는 '양적 완화'를 단행했다. 미국의 양적 완화 정책은 2020년 2월 말부터 본격화된 코로나19 위기 상황에서도 극대화되었다.

1997년 IMF 구제금융 시기나, 2008년 금융위기 때 너도나도 안전자산인 달러를 구하러 다녔던 것만 떠올려보더라도 위기가 발생할 때 달러에 대한 선호도가 높아지는 것을 알 수 있다. 달러에 대한 수요가 높아지면 이전보다 더 비싼 값으로 달러를 사야 한다. 원달러 환율이 오르는 것이다. 따라서 글로벌 주식시장이 폭락했을 때 기축통화국이 아닌 국가에서 기축통화국의 기업에 투자해두면 위기상황이 왔을 때 환율에서 손실을 헤지할 수 있게 된다.

대안이 없는 달러의 지위

최근 달러가 계속 세계의 기축통화로 남을 것인지에 대해 의문이 제기되고 있다. 미국의 쌍둥이 적자(재정적자, 무역적자)가 누적되면서 세계 중앙은행들은 외환보유고에서 달러 비중을 낮추고 금 비중을 높이고 있다. 비트코인 등의 가상화폐라는 대안도 탄생했다.

미국의 잠재적 적국인 중국과 러시아는 미 국채를 지속적으로 팔고 대신에 금을 사고 있다. 국제통화기금(IMF)에 따르면 각국 외환보유고에서 달러가 차지하는 비중은 2000년 약 70%에서 2023년 50%대 후반으로 떨어졌다.

특히 코로나19 사태 이후에 미국 중앙은행이 경제를 살린다는 이유로 막대한 달러를 찍어내면서 미국은 물론 세계 각국에서 높은 인플레이션이 발생했다. 그러자 미국의 기축통화 지위에 대한 의구심

• 각국 외환 보유고 내 달러 비중

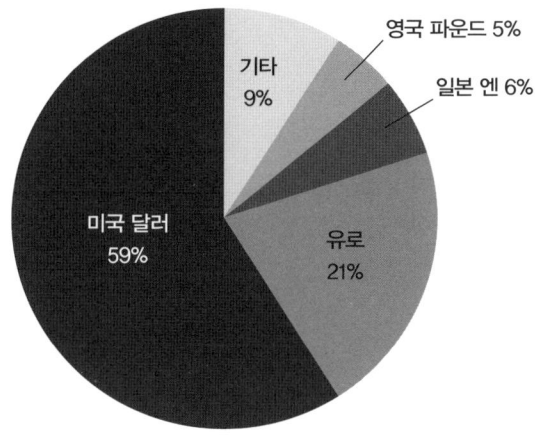

출처: IMF

이 커진 상황이다.

달러가 기축통화로 자리 잡게 된 데에는 사우디아라비아와의 '페트로 달러' 협정(원유거래에서 미국 달러로만 결제하도록 합의한 것)이 큰 계기가 되었는데, 2023년에 사우디아라비아가 중국이 위안화로 원유를 살 수 있도록 합의하면서 이 같은 강점도 흔들리게 되었다.

그럼에도 불구하고 전문가들은 달러의 기축통화 지위가 앞으로 수십 년간 유지될 것이라고 보고 있다. 달러가 오랜 기간 기축통화로 자리 잡으면서 무역시장에서 강력한 네트워크 효과를 누리고 있기 때문이다. 어떤 국가가 달러를 다른 통화로 대체하려면 많은 전환 비용을 지불해야 한다.

게다가 미국처럼 개방된 경제와 커다란 시장, 투명한 자본주의와 법치 체제를 갖추고 신뢰를 바탕으로 화폐를 보유할 수 있는 나라는 현재 존재하지 않는다. 또 미국이 달러 패권에 도전하는 국가들을 군사, 정치 수단으로 압박하고 있기 때문에 이 같은 체제는 이번 세기 내에 바뀌지 않을 것이라는 분석이 우세하다.

AI 혁명을 주도하는 미국의 힘

AI 산업은 막대한 데이터와 자본이 뒷받침되는 규모의 경제가 필수다. 결국 미국 빅테크 기업들이 이 조건을 독점하며 세계 AI 혁명을 주도할 수밖에 없다.

2016년 구글 딥마인드가 개발한 인공지능(AI) '알파고'가 이세돌 9단을 누르면서 세계는 인공지능(AI) 충격에 휩싸였다. AI가 인간의 수준을 뛰어넘을 수 있다는 것을 피부로 실감한 사건이다.

알파고를 처음 만든 딥마인드는 원래 영국의 스타트업이었다. 2014년 1월 구글이 4억 파운드에 달하는 금액으로 인수한 뒤 사명을 '구글 딥마인드'로 변경했다. 창립자 데미스 하사비스, 무스타파 슐레이만은 모두 영국인이지만 알파고의 기술은 결국 실리콘밸리의 자본 아래에서 꽃을 피울 수 있었다.

알파고의 사례처럼 세계의 인재와 기술은 모두 미국으로 모이고 있다. 혁신적인 아이디어가 다른 국가에서 처음 탄생했어도 결국은 미국 토양에서 자라야 세상을 바꿀 수 있는 힘을 갖추게 된다.

잘난 놈은 모두 미국으로 모인다

18세기 영국에서 일어난 산업혁명 이후 세계의 패권은 기술 혁신에 따라 좌우되었다. 내연 기관, 로켓, 원자력, 반도체에 이어 다음 세상을 이끌 기술은 AI가 될 것이며, 이를 주도하고 있는 국가는 미국이다. 미국의 저력은 활발한 창업과 이를 뒷받침하는 튼튼한 자본시장에서 나온다.

셰일오일을 퍼내는 프래킹(수압 균열법) 기술처럼 혁신 기술들을 잘 살펴보면 모두 스타트업에서 나온 것임을 알 수 있다. 지금은 빅테크로 불리는 구글, 아마존, 메타도 모두 보잘것없는 스타트업에서 출발했다. 이들의 성공은 '실리콘밸리의 신화'가 되었고 '아이디어만 있으면 돈은 따라온다'라는 믿음이 미국인들의 사고에 깊이 뿌리내리게 되었다.

전 세계가 미국에 투자하기를 바라기 때문에 미국에선 자본에 쉽게 접근할 수 있고, 저리로 달러를 쉽게 빌릴 수 있다. 자본을 쉽게 확충할 수 있는 만큼 많은 사람들이 기업을 세우고 사업을 시작할 수 있다. 여기에서 하버드 스탠포드 컬럼비아 MIT 등 세계적인 대학들은 전 세계에서 인재를 끌어모은다.

투명한 법률시스템이 있기 때문에 물리적 재산뿐 아니라 지적재산권도 확실하게 보호해준다. 이 때문에 시스템적으로 혁신적인 기술이 계속 미국에서 나올 수밖에 없고, 해외의 기술조차 미국으로 모일 수밖에 없는 것이다. 똑같은 아이디어로 자국에서 창업하는 것보다 실리콘밸리에서 성공하면 수십, 수백 배 많은 돈을 벌 수 있으니 당연한 선택이다.

이 같은 배경에서 파괴적인 신기술이 태어나고, 혁신 기업이 끊임없이 나타난다. 구글, 아마존, 엔비디아는 1990년대, 테슬라 메타는 2000년대에 설립되었다. 테슬라를 이끄는 일론 머스크는 남아프리카공화국에서 태어났다. 엔비디아를 창업한 젠슨 황은 대만계 이민자다. 구글의 설립자 세르게이 브린은 러시아 출신이며, 아마존 설립자 제프 베이조스의 아버지는 쿠바에서 건너왔다.

4차 산업혁명에서 미국의 대항마로 여겨지는 중국은 이러한 부분에서 큰 불리함을 안고 있다. 시진핑 독재 정부의 눈 밖에 나면 글로벌 기업도 한순간에 무너진다. 알리바바의 창업자 마윈과 앤트그룹에서 일어난 일을 세계 자본시장은 지켜봤다. 이 같은 일이 반복되면 혁신적인 신기술이 지속적으로 성장하기 어렵고 인재와 자본도 다른 국가로 빠져나간다.

혁신을 통한 꾸준한 성장성

혁신을 통한 미국 경제의 꾸준한 성장성도 투자 포인트다. 미국이 세계 기술의 패권을 굳건히 지키고 있는 이유는 끊임없는 혁신이 뒷

• 국가별 특허권 보유 비중

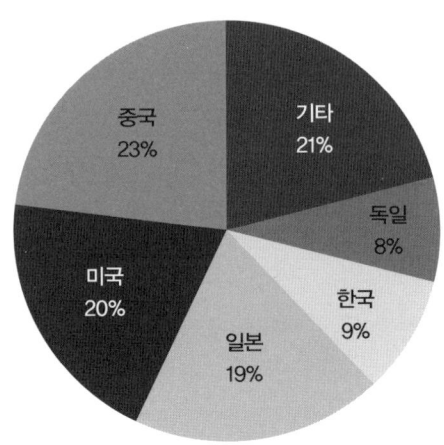

• 국가별 상표등록 신청 건수

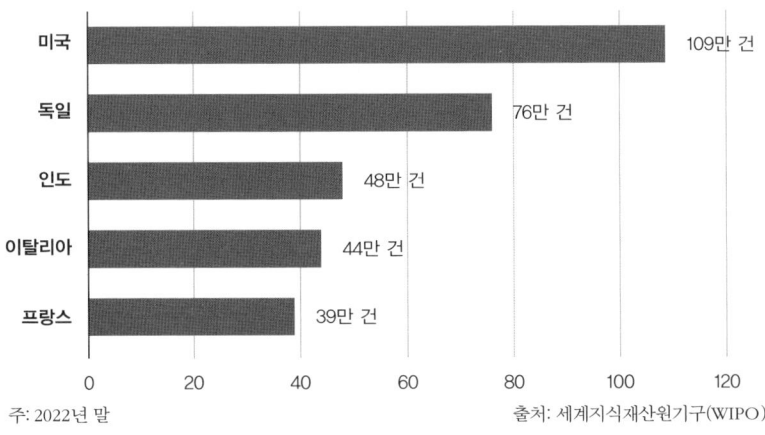

주: 2022년 말

출처: 세계지식재산원기구(WIPO)

받침되고 있기 때문이다. 미국은 2022년 말 기준, 국제 특허권(PCT)을 보유한 2위 국가인 동시에 상표등록 건수로는 세계 1위를 차지하고 있다.

또 기업이 수익의 일부를 미래의 이익 증대를 위해 돌리는 연구개발(R&D)과 설비투자의 경우 미국이 압도적으로 높은 비중을 보이고 있다. 이미 수많은 특허와 기술을 갖고 있는 미국이 연구 개발과 설비 투자도 가장 많이 하고 있는 것이다. 전교 1등 학생이 가장 늦게까지 남아서 열심히 공부하는 것과 같은 상황이다.

국내 투자시장에선 한때 선진국 대비 높은 GDP 성장률을 보였던 중국, 브라질, 러시아, 베트남 등에 대한 투자붐이 일었던 때가 있었다. 하지만 코로나19 이후 4차 산업혁명과 글로벌 기술 혁신을 주도하는 미국 빅테크 기업의 영향력이 커지면서 미국 기업들의 승자독식 현상이 강화되었다. 결과적으로 미국 증시의 꾸준한 상승세와 높은 회복탄력성이 지난 몇 년간 성과로 증명되었다. 이제는 많은 사람들이 꾸준하게 우수한 장기 성과를 보이는 미국주식시장을 투자의 중심에 두게 되었으며, 그 투자 트렌드의 핵심에는 빅테크 기업 투자가 있다.

너무나 주주 친화적인
미국 기업 문화

지난 10년간 미국의 평균 주주환원율은 92%로, 글로벌 증시에서 가장 높은 수준이다. 벌어들인 이익을 주주에게 돌려주는 문화가 이미 상식으로 자리 잡았다.

주식에 투자해서 얻을 수 있는 수익은 크게 내가 산 주식 가격보다 더 비싼 가격에 팔면서 얻게 되는 매매차익과, 기업이 벌어들인 이익을 주주들에게 나눠주는 배당을 통해 얻는 배당수익으로 나뉜다.

기업은 벌어들인 이익으로 공장 등 설비를 확충하고 연구개발(R&D)에 비용을 투자해 경쟁력을 끌어올린다. 이를 통해 새로운 제품을 출시하고 매출을 높이고 이익을 극대화한다. 이러면 해당 상장사의 가치는 올라가고 증권시장에서 거래되는 주식 가격도 과거에 비해 높은 평가를 받게 된다. 이렇게 주식의 가치를 올리는 방법 외에도 경영진은 '자사주 매입'과 '배당금 확대'라는 방식을 통해 주주들의 이익을 높일 수 있다. 전 세계에서 주주 이익 환원에 가장 적극적인 나라가 미국이다.

세계에서 가장 높은 주주환원율

미국의 지난 10년 평균 주주환원율은 92%로 글로벌 국가 중 가장 높으며, 미국 기업의 자사주 매입과 배당은 꾸준히 증가하고 있다. 기업의 이익을 오너의 사재처럼 사용하는 일부 국내 기업들의 사례는 '주주지상주의(Shareholder Primacy)'라는 말이 만들어진 미국에서는 상상할 수 없는 일이다.

한국 기업은 외환위기 등 큰 위기를 겪으면서 번 돈의 상당 부분을 회사 내에 쌓아둬야 한다고 여기는 경우가 많았다. 또 주주환원보다는 연구개발에 투자해 성장 위주의 경영판단을 하는 것이 옳다

- 중장기 현금 파이프라인 구축, '배당 〉채권'

	배당주(배당왕/배당귀족 등 우량주)	채권(미국 장기국채)
금리 인하 시기	시세 차익에 유리	매매 차익에 유리
만기	×	○
원금 보장	×	○
원금/이자 재투자 고민	부담 낮음. 기존 종목에 재투자	만기 상황에 따라 부담 존재, 이자 재투자 고민
현금흐름	배당금 매년 증액	이자 고정 금액
수익률	배당수익률 매년 증가 (주식 매입가=장부가)	고정 금리
인플레이션	헤지 가능	헤지 어려움

출처: 삼성증권

고 믿는 경영자들도 여전히 많다. 하지만 자본시장의 역사가 긴 미국은 기업의 성장과 함께 그 과실을 주주가 나눌 방법에 대해 오랫동안 고민해왔고, 이것이 높은 배당성향으로 이어진 것이다.

1,300조 규모의 자사주 매입

기업이 주주들의 이익을 높이는 방법에는 배당 외에도 자사주 매입과 소각이라는 방법이 있다. 자사주 매입이란 말 그대로 기업이 벌어들인 돈으로 자기 회사의 주식을 사들이는 것을 말한다. 이렇게 되산 것을 태워 없애면(소각) 유통되는 주식 수가 줄어들면서 기존 주주들은 기업가치가 상승하는 효과를 누릴 수 있다.

예를 들어 A라는 회사의 주식 100주가 시장에 유통되어 있다고 치자. 이때 A회사가 50주를 사들이면 시중에 유통되는 A회사의 주식은 50주로 감소한다. 유통주식 수가 절반으로 줄어들면서 기존 주주들의 주식 가치는 2배가 된다.

이렇게 되면 주주들의 지분율이 높아지면서 이익에 대한 주주의 몫을 나타내는 지표인 주당순이익(EPS)이 높아진다. 기업이 같은 이익을 내더라도 주식 수는 기존보다 줄어들었기 때문에 1주당 이익이 늘어나는 것이다. 이는 기업의 가치에 비해 주가가 저평가되어 있다는 신호를 시장에 보내므로 주가가 상승하는 요인이 되기도 한다.

이 같은 자사주 매입과 소각은 전 세계 주식시장 중 미국에서 가장 활발하게 일어나고 있다. S&P500에 상장된 미국 기업의 자사주 매입규모는 2009년 1,377억 달러(약 201조 원)에서 2024년 9천억 달러(약 1,315조 원)로 6배 넘게 증가했다. 또 자사주 매입에 나선 기업의 70%는 자사주를 꾸준히 소각하고 있다. 이 때문에 전문가들은 최근까지 미국 증시를 끌어올린 원동력 중 하나가 자사주 매입과 소각에 있다고 분석한다.

반면 우리나라는 여전히 자사주 매입과 소각에 인색한 편이다. 2024년 국내 증시의 자사주 매입 규모는 약 44조 원이다. 이 중 자사주 소각 비중은 14조 원으로 32%에 불과했다. 같은 주주라도 미국과 한국에서 받는 대접이 이처럼 다른 것이다. 국내 상장사들도 2024년에 정부가 내놓은 기업 밸류업 프로그램에 따라 자사주 매입과 소각 규모를 점차 늘려가고 있지만 미국에 비하면 아직은 갈 길이 멀다.

자주 그리고 빨리 지급하는 배당

미국을 대표하는 S&P500에 속한 기업들은 오랜 기간 배당금을 꾸준히 확대해왔다. 앞으로도 지속적으로 배당금을 늘리며 주주 이익 환원에 적극적인 모습을 보일 가능성이 높다.

심지어 미국 상장사들은 배당을 빨리 그리고 자주 준다. 한국 기업들은 대부분 12월 결산이기 때문에 매년 말까지 주주명부에 등재된 주주들에게 배당금을 지급해야 한다. 지급할 배당금은 이듬해 3월 주주총회에서 결정되고, 여기서 안건이 승인된 후 1개월 이내에 주주에게 지급하게 되어 있다. 연말에 주식을 매수하더라도 배당금을 수령하기까지 최소 3개월 이상이 소요되는 셈이다.

반면 미국 기업들은 이사회에서 배당 지급 금액과 시기를 결정하면 기준일로부터 1개월 내에 배당금을 수령할 수 있다. 투자자가 배당락일 전까지만 주식을 매수한다면 한 달 이내에 배당을 바로 받을 수도 있는 것이다.

미국 상장사들은 또 적게는 분기마다, 많게는 달마다 배당을 주는 기업이 적지 않다. 하지만 우리나라는 상당수의 기업이 반기 혹

• 배당 강화하는 기술주

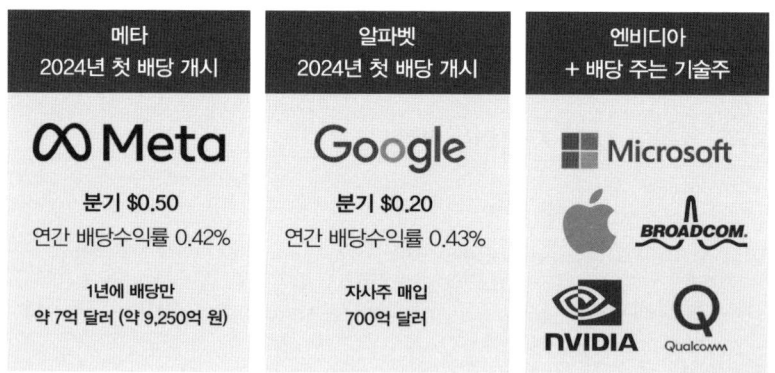

출처: 삼성증권

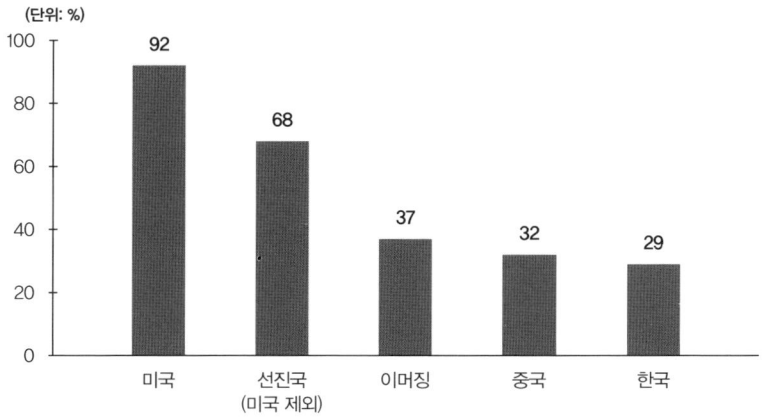

• 국가별 총 주주환원율(10년 평균)

출처: Factest

은 1년에 한 번만 배당을 한다. 분기마다 배당을 주는 상장사는 삼성전자 등 손꼽히는 기업뿐이다. 배당을 자주 받으면 기분만 좋아지는 것이 아니다. 수령한 배당금으로 다시 주식을 사들이면 복리효과가 발생하게 되기 때문에 배당 지급 주기가 짧을수록 효과가 커진다.

미국의 최대 아킬레스건, 정부 부채 폭탄

미국 연방정부 부채는 5경 원에 달하며, 재정적자 우려를 키우고 있다. 그럼에도 불구하고 증시는 사상 최고치를 갈아치우며 아이러니한 흐름을 이어가고 있다.

이처럼 투자 매력이 넘치는 미국이지만 약점이 없는 것은 아니다. 그중 하나로 꼽히는 것이 바로 정부 부채다. 재정적자는 정부 수입보다 지출이 더 많을 때 생긴다. 미국 정부는 국채를 발행하는 등 빚을 져서 재정적자를 메운다. 미국 재무부에 따르면 2025년 6월 기준 미 연방정부 부채 규모는 36조 9천억 원(약 5경 원)에 달한다.

현재 미국의 정부 부채 36조 9천억 달러는 의회가 정한 연방정부의 부채한도인 36조 1천억 달러를 훌쩍 넘은 상태다. 미국 연방정부의 부채한도란 의회가 법으로 정한 미국 정부의 총 부채 발행 한도를 뜻한다. 연방정부가 국채를 발행해 빚을 낼 수 있는 최대 총액의 상한선을 정해놓은 것이다. 이 한도를 넘어서면 정부는 더 이상 돈을 빌릴 수 없다.

이 때문에 미국 정부는 특별회계조치를 시행중이다. 새로운 국채 발행 없이 기존 기금을 활용해 재정부담을 감당하는 일종의 '유예 수단'을 사용하고 있는 셈이다. 퇴직연금 및 우편연금 펀드의 투자 중단, 연방직원 저축펀드(G Fund) 투자 일시 중단 등이 특별회계조치에 해당한다.

이런 상황에서 도널드 트럼프 행정부의 감세안을 포함한 주요 국정 의제를 담은 '하나의 크고 아름다운 법안(OBBBA·One Big Beautiful Bill Act)'은 향후 미국의 재정적자를 크게 확대해 재정 건전성을 악화시킬 것이라는 우려가 제기된다. 미국 의회예산처(CBO)는 이 법안이 약 3조 달러의 재정적자를 추가할 것으로 추산했다. 여기에 트럼프 행정부의 관세 정책으로 달러화 가치가 흔들리면서, 달러화 약세를 막지 못한다면 미 국채의 투자자 수요도 동반 하락할 것이라는 전망도 나온다.

세계적 자산운용사 블랙록은 정부 부채의 증가가 미국 내 통화정책과 장기 국채 금리의 상관관계를 약화시킬 수 있다며 연준이 금리를 인하하더라도 금리 상승의 결과로 이어질 수 있는 것이라고 지적했다. 그러면서 미국 정부 부채 공급이 증가하는 상황에서 미 국채에 대한 연준과 해외 중앙은행 수요는 모두 감소할 수 있다고 내다봤다. 재정적자 확대는 곧 국채 발행 물량이 늘어날 것이라는 뜻이다. 시장에 채권이 많이 풀리면 가격은 내려가고 금리는 올라간다. 이런 우려가 커지면 투자자들의 국채 입찰 참여가 부진해질 수 있다.

기축통화 신뢰가 약화되면 이자 부담 더 커져

블랙록 보고서에서는 "지출 삭감에도 재정 적자는 여전히 늘고 있고, 재정 지출에서 지금은 이자 지급의 비중이 더 크다"며 "해외 투자자들이 물러서고 정부가 매주 5천억 달러가 넘는 부채를 발행하는 상황에서 민간 시장이 이 부채를 감당하지 못해 정부의 차입 비용이 상승하게 될 위험이 있다"고 분석했다. 이어 "우리는 미국 정부 부채의 불안정한 위치를 지속적으로 강조해왔다"며 "이 문제가 통제되지 않는다면 부채는 금융시장에서 미국이 누려온 '특별한 지위'에 대한 최대 단일 위협 요소가 될 것"이라고 덧붙였다.

올해 미국 정부의 통상·재정 정책은 미국 시장에서 리스크를 키웠다는 분석이다. 도널드 트럼프 미국 대통령은 취임한 직후에 대규모 관세 부과로 글로벌 무역전쟁을 촉발했다. 최근에는 중국과 합의하는 등, 관세 우려가 줄어들긴 했지만 경기 침체와 미국 부채 급증에 대한 투자자의 걱정은 여전하다. 지난 5월에는 무디스가 미국 국가신용등급을 하향 조정하는 등 미국 국채 시장에 압박을 가하기도 했다.

미국은 이미 2024년 GDP의 3.1%를 이자로 지급할 정도로 큰 부담을 지고 있는데, 만약 글로벌 투자자의 신뢰가 약화되어 미국 국채금리가 현 수준을 유지한다면 어떤 일이 벌어질까? 최근 미국 10년 만기 국채금리는 4.5%에서 형성되어 있으며, 이 수준이 유지된다면 미국 정부는 연 GDP의 5.5%에 이르는 이자 부담을 져야 한다. 무디스의 예상대로 2035년 미국 국가부채가 GDP 대비 135%까지 치솟을 경우, 이자 부담은 6.1%에 이를 전망이다. 최근 트럼프 대통령이 "제롬 파월 연방준비제도이사회 의장이 미국에 엄청난 비용을 초래하고 있다. 차입 비용이 훨씬 낮아져야 한다"며 기준금리 인하를 촉구한 데는 이런 배경이 있다.

그래도 투자의 중심은 미국

하지만 미국 경제는 관세 충격과 부채 우려에도 견조한 흐름을 이어가고 있다. 뉴욕증시는 2025년 6월 마지막 거래일에 상승 마감하며 S&P500과 나스닥 종합지수가 또다시 사상 최고치를 경신했다. 6월 한 달간 주요 지수는 모두 강세를 나타냈다. S&P500은 5%, 나스닥은 6%, 다우는 4% 이상으로 뛰었다. 2분기 기준으로는 S&P500은 10% 이상, 나스닥은 18%, 다우는 5% 가까이 급등했다.

 S&P500지수를 구성하는 500개의 대형 기업이 워낙 탄탄한 데다, 인공지능(AI)·휴머노이드로봇·자율주행 등 미래산업의 대부분에서 미국 기업들이 선도하는 구도는 바뀌지 않았기 때문이다. 오히려 달러 가치가 하락하면 환차손 부담이 덜어 분산투자하기에 적기라는 것이 전문가들의 분석이다.

미국 경제가 강력한 성장세를 이어간다면 정부 부채는 큰 문제가 되지 않을 수 있다. 하지만 거대한 재정적자로 만들어낸 억지 성장이 고금리 환경에서도 지속될 수 있을지에 대한 우려는 계속 제기될 수 있다. 투자자들은 앞으로도 미국 국채금리 수준에 관심을 갖고 미국주식에 투자할 필요가 있다.

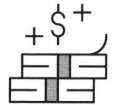

미국 증시의 대표 주자는 단연 M7이라 불리는 빅테크 기업들이다. 이들은 인공지능, 플랫폼, 전기차 등 미래 산업의 방향을 결정짓는 주역으로 자리 잡고 있다. 압도적인 시가총액과 실적은 글로벌 투자자들의 시선을 끌어당긴다. 동시에 성장성과 안정성을 겸비해 미국주식 투자자의 '첫걸음'에 가장 적합한 선택지로 꼽힌다. 2장에서는 M7이 왜 중요한지 알아보고, 각 기업의 투자 포인트와 차별화된 경쟁력을 구체적으로 살펴본다.

PART 2

미국 투자의 첫걸음은 M7부터

테슬라,
보호무역 시대에 더 강하다

테슬라의 시가총액은 완성차 판매량 1위인 토요타의 7배에 이른다. 단순한 전기차 회사를 넘어 AI와 로봇 산업을 선도하는 혁신 기업이 기에 높은 밸류에이션을 인정받는다.

"테슬라는 자동차 회사가 아닙니다"

세계 최대 전기차 업체인 테슬라의 최고경영자(CEO) 일론 머스크는 줄곧 테슬라가 자동차를 만드는 회사가 아니라고 강조해왔다. 매출의 약 80%가 전기차 부문에서 나오는데도 오히려 "인공지능(AI), 로봇 회사로 생각해야 한다"는 것이 일론 머스크의 설명이다. 시장의 평가도 일치한다. 2024년 말 기준, 테슬라의 시가총액은 1.4조 달러다. 전 세계 완성차 판매량 1위인 토요타 시가총액의 약 7배이자 글로벌 자동차 회사의 전체 시가총액 중 절반을 차지한다. 단순 자동차 회사였다면 이렇게 높은 가치로 평가받을 수 없었을 것이다.

테슬라에 대한 투자의 시작은 '전기차 그 이상의 기업'이라는 평

• 테슬라 실적 추이 (단위: 억 달러)

구분	매출	순이익
2020	315.36	7.21
2021	538.23	55.19
2022	814.62	125.56
2023	967.73	149.97
2024	976.9	70.91

가에서 출발한다. 단순히 전기차만 고려하면 벌어들이는 이익 대비 기업의 적정 주가 가치를 나타내는 주가수익비율(PER) 기준으로 봤을 때 테슬라에 선뜻 투자하기 어렵기 때문이다. 토요타, 포드, 현대차 등 글로벌 자동차 강자들의 PER이 2024년 기준으로 한 자릿수대에 그치는 반면, 테슬라 PER은 100배를 훌쩍 웃돈다. PER이 높을수록 기업 이익에 비해 주가가 고평가되어 있다는 것을 의미한다. 테슬라가 이처럼 고평가 받는 이유는 무엇일까?

자율주행과 로봇, AI

테슬라는 전기차 배터리 원료부터 모터, 반도체, 소프트웨어, 차량 판매 및 서비스까지 전체 공급망을 자체 관리하는 수직적 통합을 이

됐다. 이를 통해 규모의 경제를 이룩했고 외부 공급망 불안에 대한 영향도 적다. 테슬라에 대한 투자는 전기차는 물론 배터리 제조, 자율주행 등 인공지능(AI) 소프트웨어, 리튬 사업 등 전체 전기차 밸류 체인에 투자하는 것과 같은 셈이다.

시장에서 가장 주목을 받는 것은 테슬라 자율주행 시스템인 '완전자율주행(FSD·Full Self Driving)'이다. 전 세계 곳곳의 테슬라 전기차 주행 데이터를 AI가 학습하며 지속적으로 성능을 향상시키고 있다. 이는 테슬라가 자율주행 분야에서 월등히 앞서 있다는 평가를 받는 배경이다. 향후 이를 기반으로 운전자가 필요 없는 로보택시 상용화도 추진중이다.

테슬라는 미래 핵심 산업인 휴머노이드 로봇 분야에서도 선두를 달리고 있다. 휴머노이드 로봇은 인간 노동을 대신하며 공정 효율성을 극대화할 것으로 기대된다.

글로벌 증권사인 맥쿼리에 따르면 글로벌 휴머노이드 로봇 시장은 2026년부터 2035년까지 연평균 성장률(CAGR) 50%를 기록할 전망이다. 에너지 저장 장치(ESS)는 차세대 수익원으로 자리 잡고 있다. 2024년 기준으로 에너지 부문은 테슬라 전체 매출의 10%에 달했다. 전년 대비 113% 급증한 것이다. AI와 자율주행, 로봇, 에너지까지 누구나 인정할 만한 미래 핵심 산업에서 두각을 나타내고 있는 데다, 각 사업분야가 시너지를 일으킨다는 점이 테슬라 투자의 포인트인 것이다.

• 테슬라 매출 구조 (단위: 억 달러)

구분	매출	비중
전기차	770.7	78.9%
에너지	100.9	10.3%
서비스	105.3	10.8%

주: 2024년 기준

본업인 전기차는 성장 요인인 동시에 위험 요인으로 지목된다. 미국 시장조사업체 콕스오토모티브에 따르면 2024년 기준으로 테슬라의 미국 전기차 시장점유율은 49%에 달했다. 전기차 시장에서는 최대 규모의 기업으로 성장했다.

하지만 이는 BYD 등 빠르게 규모를 키우고 있는 중국 전기차 기업에 선두를 뺏기지 않기 위한 치열한 경쟁 국면에 접어들었다는 것을 의미하기도 한다. 글로벌 전기차 시장이 성장하고 있지만 수요 둔화에 직면한 것도 부담이다. 이는 최근 테슬라 주가의 발목을 잡은 가장 큰 요인 중 하나로 분석된다.

그러나 투자 기간을 먼 미래까지로 넓혀보면 이야기는 달라진다. 아크 인베스트(ARK Invest)의 CEO 캐시 우드는 2029년 테슬라 주가를 2,600달러로 예측하기도 한다. 테슬라가 앞서 설명한 미래 핵심 산업에서 경쟁력을 유지하는지가 미래 주가를 결정할 핵심 포인트일 것이다.

우주 통신 등 화려한 부업도 주목

일론 머스크의 '화려한 부업'인 스페이스X, X(트위터), 뉴럴링크, 보링컴퍼니 등도 테슬라의 주가 상승 모멘텀으로 작용하고 있다. 이들 기업은 모두 비상장사다. 기업가치는 대략적으로 스페이스X 3,500억 달러, X 440억 달러, 뉴럴링크 80억 달러, 보링컴퍼니 70억 달러 등으로 평가받고 있다.

스페이스X는 재사용 가능한 로켓 개발을 통해 민간 우주 탐사 분야를 선도하는 기업이다. 인공위성 기반 통신 서비스인 스타링크도 운영하고 있다. 우크라이나 전쟁 당시에는 통신망이 끊긴 우크라이나에 통신 서비스를 제공해 주목받았다. 5천 개 이상의 소형 위성을 운영중이며 앞으로 수만 개 위성을 추가할 예정이다.

X는 머스크가 설립한 AI 기업인 xAI에 인수되었다. xAI는 오픈AI가 개발한 챗GPT의 대항마로 불리는 AI 챗봇 '그록(Grok)'을 운영하고 있다. X에 올라오는 모든 게시글이 데이터가 되어 그록을 학습시키고 있는 셈이다.

뉴럴링크는 인간의 뇌에 칩을 연결해 컴퓨터를 직접 조종하는 기술을 개발중인 기업이다. 보링컴퍼니는 지하터널 굴착업체다. 이 기업은 라스베이거스 일대에 지하터널을 뚫고, 터널 곳곳에 배치된 테슬라 전기차가 승객을 운송하는 '베이거스 루프' 사업을 추진하고 있다.

이 기업들이 상장되면 테슬라의 기업가치가 희석될 우려도 덜하다는 분석이다. 미국은 주주의 이익을 적극적으로 보호하는 문화가 자리 잡았다. 일론 머스크는 "만약 이 비상장기업들이 상장되면 테슬라 등을 장기 보유한 기존 주주의 이익을 우선시할 것"이라고 공언했다.

특히 미국은 한국과 달리 자회사를 물적분할해 새로 상장하는 '쪼개기 상장' 사례가 없다. 쪼개기 상장이 금지사항은 아니지만, 대부분의 기업들이 단일 상장기업 체제를 유지하는 이유는 계열사 복수상장을 했을 때 이해상충에 따른 자회사 주주의 민사소송제기 등의 법적인 위험을 감당할 수가 없기 때문이다.

머스크가 이끄는 스페이스X 등이 테슬라의 자회사는 아니지만 테슬라 기업가치에 반영되어 있는 만큼 테슬라 주주의 이익을 위한 조치가 있을 것으로 예상된다.

테슬라 투자를 위해 확인해야 할 체크리스트에 일론 머스크를 빼놓을 수 없다. 그는 미래 핵심 산업에서 두루 두각을 나타내는 스타 경영자이지만 대중 노출이 잦다는 점은 주가에는 양날의 검으로 작용할 수 있다. 도널드 트럼프 미국 대통령의 핵심 참모진이 되어 정치적인 행보를 보이는 것이 대표적인 사례다. 기업의 매출과 전망만큼이나 경영자의 철학과 비전 역시 주가를 결정하는 큰 요인이기 때문에 그의 행보에도 주목할 필요가 있다.

엔비디아, AI 시대의 대장주

엔비디아 없이는 AI 산업이 성립하기 어렵다. 게임 덕후 출신 창업자가 세운 이 회사는 반도체 강자를 넘어 인공지능 패권 기업으로 성장하며 세계 시가총액 1위에 올랐다.

엔비디아는 2020년까지만 해도 시가총액 기준 미국 대형주 상위 TOP 10에 들지 못할 정도로 증시 전체에서 비중이 작았고 빅테크 반열에도 오르지 못했지만 2023년에 주가가 240%, 2024년에 171% 상승하면서 시가총액 1위 자리에 올랐다. 현재 시장에서는 'AI로 가는 길' '엔비디아 없는 AI도 없다'라는 평가를 받는다.

게임 그래픽카드로 대성공

엔비디아의 시작은 AI와 거리가 멀었다. 창업자 젠슨 황은 소문난 '게임 덕후'였다. 평소 친하게 지내던 엔지니어 크리스 말라코프스

• 엔비디아 향후 3년 매출 성장률 (2025~2027년) 상대비교

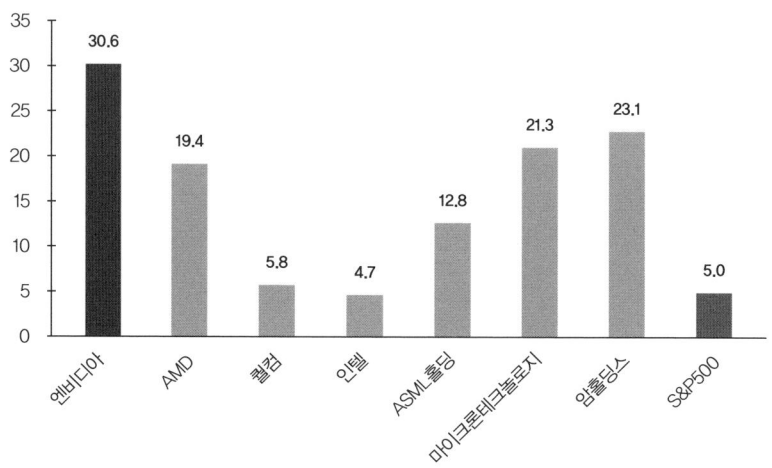

출처: Factset Consensus, KB증권

키, 커티스 프리엠은 대화를 하던 도중 컴퓨터로도 3차원(3D) 게임을 하거나 동영상을 할 수 있는 장치를 개발해보자고 뜻을 모았다. 그렇게 1993년 실리콘밸리의 작은 아파트에서 엔비디아가 시작되었다. PC 게임 시장이 개화하기도 전이었다.

엔비디아는 시대를 너무 앞서나갔다. 첫 제품 'NV1'는 멀티미디어 콘텐츠 처리에 특화된 칩으로, 반도체 시장을 독점하고 있던 인텔의 CPU의 틈바구니에서 틈새시장을 노렸다. 하지만 고성능 칩을 만들다 보니 가격 경쟁력이 낮아졌고 호환성도 떨어져 시장에서 외면받았다. 이내 실패를 딛고 마지막 기회라는 심정으로 1997년

'NV3'를 시장에 내놨고, 3D게임이 인기 있던 당시 게이머들 사이에서 호평이 나오면서 성공가도에 오르게 된다. 엔비디아는 게이머들에게 유명한 그래픽처리장치(GPU) 시리즈인 '지포스'를 출시했고, 대표 브랜드로 자리 잡으면서 기업은 성장세에 올랐다.

잘 키운 GPU, AI반도체로 거듭나다

바로 이 GPU가 현재 AI 시장을 휩쓸고 있는 AI반도체다. AI가 스스로 학습을 하려면 외부 데이터를 조합하고 분석하는 딥러닝 기술이 필요하다. 딥러닝은 복잡한 연산보다는 단순한 연산을 엄청난 규모로 반복해야 한다. GPU는 병렬 구조로 단순 연산을 반복하는 데 최적화되어 있다. '반도체 거인' 인텔이 독점하다시피 한 컴퓨터의 두뇌 격인 CPU는 어렵고 복잡한 연산을 수행하는 데 능하다. 엔비디아의 GPU가 AI반도체에 적합한 배경이다.

인텔 등의 기존 반도체 회사들이 CPU에 집중할 때, 엔비디아는 일찍이 GPU 개발을 위해 투자를 거듭했다. 2006년에 만든 자체 소프트웨어 플랫폼 쿠다(CUDA)가 대표적이다. 쿠다는 GPU를 그래픽 작업 이외의 응용프로그램 계산 등의 용도로 활용할 수 있게끔 각종 개발 툴을 넣어 놓은 플랫폼이다. 엔비디아의 GPU에서만 작동한다. 쿠다는 추후 엔비디아가 반도체 하드웨어뿐만 아니라 AI 생태계까

• 데이터센터 GPU 시장점유율

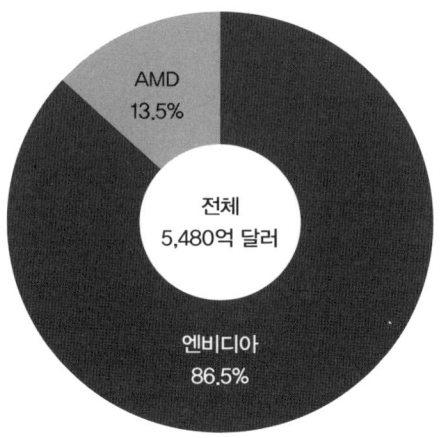

주: 1년 기준. 2024.2~2025.1   출처: Factset, KB증권

지 장악하게 하는 발판이 되었다. 현재 대부분의 AI 엔지니어는 쿠다를 사용하고 있다.

엔비디아는 이내 GPU를 AI용으로 업그레이드한 'GPGPU'를 출시했고, 업계 표준으로 자리 잡았다. 엔비디아의 AI반도체 점유율은 90% 이상으로 압도적이다. 그렇게 엔비디아는 AI 시대에서 골드러시의 청바지와 곡괭이 판매자가 되었다.

골드러시가 진행될수록 청바지와 곡괭이 판매자가 엄청난 수익을 올렸듯이, AI 산업이 발전할수록 엔비디아의 실적은 고공행진하는 구조가 완성되었다. 전 세계 AI 기업들은 기술 개발을 위해 엔비디아의 고성능 GPU를 사려고 줄을 섰다. 워낙 수요가 넘치다 보니 품

귀 현상이 나타나기에 이르렀고 엔비디아는 가격을 마음껏 높여 팔 수 있는 '슈퍼 갑'의 위치에 섰다.

빅테크들의 AI반도체 독립 움직임

엔비디아 GPU 없이는 AI 개발이 불가능한 상황에 놓이다 보니, 구글과 마이크로소프트 등의 빅테크들은 공급망 안정을 위해 자체 AI 반도체 수급에 나섰다. 브로드컴 등에 맞춤형 반도체(ASIC)를 주문하는 것이다. 만약 빅테크들의 '엔비디아 독립'이 성공한다면 엔비디아는 현재 수준의 독점적인 점유율을 유지하기는 어려울 전망이다.

하지만 엔비디아는 1년마다 신제품을 내놓겠다는 계획을 발표하며 보란 듯이 기술격차를 벌리고 있다. 2024년 말에 양산이 시작된 엔비디아의 주력 AI 칩 '블랙웰'에서 그치지 않고 차세대 AI 칩 '블랙웰 울트라'와 '루빈'을 공개했다. 블랙웰 울트라보다 컴퓨팅 성능이 3배 뛰어난 새로운 아키텍처의 AI 칩 루빈은 2026년 하반기에 출시될 예정이다. 루빈을 잇는 '파인먼'은 2028년에 출시하겠다고 발표했다. 지속적인 성능 향상에 대한 자신감을 내비친 것이다. AI 개발 경쟁의 중심이 생성형에서 추론형로 바뀌면서 고성능 칩에 대한 수요는 더욱 증가할 것으로 보인다.

미중갈등과 트럼프 정책 리스크는 불안

도널드 트럼프 2기 행정부 시대에 엔비디아는 기회와 위기를 동시에 마주하고 있다. 친기업 성향인 트럼프 대통령은 5천억 달러를 투자해 AI 인프라를 구축하는 '스타게이트 프로젝트'를 통해 AI 산업을 장려하겠다고 했다. 하지만 동시에 전 세계를 상대로 관세전쟁을 벌이면서 엔비디아 AI반도체 공급망에도 위기감이 감돌고 있다. 엔비디아의 반도체를 위탁생산하는 대만의 TSMC, AI반도체 핵심 부품인 고대역폭메모리(HBM)를 생산하는 한국의 SK하이닉스와 삼성전자 등이 핵심 공급망인데, 불확실성이 커지면 엔비디아 주가도 그만큼 흔들릴 수 있다.

미중 무역전쟁 갈등의 불똥이 엔비디아로 튀고 있는 점도 우려된다. 트럼프 대통령은 중국의 AI 굴기를 막겠다며 엔비디아 AI반도

• 엔비디아 실적 추이

(단위: 억 달러)

구분	매출	순이익
2020	166.75	43.32
2021	269.14	97.52
2022	269.74	43.68
2023	609.22	297.6
2024	1304.97	728.8

체의 중국 수출을 금지할 방침이다. 엔비디아는 규제를 피하기 위해 기존 H100 칩에서 성능이 낮아진 H20 칩을 제작해 중국에 수출해 왔는데 트럼프 행정부의 규제로 인해 이마저도 수출길이 사실상 막혔다. H20 칩은 미국 정부의 규제 적용을 받지 않는 한도 내에서 엔비디아가 중국에 제공할 수 있는 최고급 사양의 AI 칩이었다. 하지만 글로벌 투자은행들의 엔비디아에 대한 전망은 여전히 낙관적이다. 주가수익비율(PER)도 2024년 말 기준으로도 약 50배로 크게 높지 않은 데다가, 미중갈등으로 인해 주가가 조정을 받으면 그만큼 밸류에이션이 매력적이게 된다는 이유에서다.

알파벳,
모든 혁신은 구글로부터

알파벳은 AI 연구와 산업을 이끄는 '텐서 생태계'를 주도한다. 하드웨어와 소프트웨어, 그리고 클라우드와 데이터까지 네 박자를 모두 갖추고 있는 대표 혁신 기업이다.

 2030년에는 어떤 AI 서비스가 IT 기업들에게 가장 큰 수익을 안겨줄까? 전문가들은 AI 비서, 자율주행, 스마트도시 플랫폼 등을 유망 분야로 꼽고 있다. 여러 산업에 걸쳐 활용되며, 막대한 부가가치를 창출할 가능성이 크기 때문이다.
 부가가치가 높은 AI 기술을 기업이 자체적으로 개발하고 운영하려면 하나만 잘해서는 안 된다. 소프트웨어, 하드웨어, 클라우드, 데이터까지 네 박자를 고루 갖춰야 한다. 자율주행의 경우, 차량 바깥의 교통상황과 보행자 여부 등의 데이터를 자동차 센서가 실시간으로 인식해야 한다. 데이터를 클라우드 플랫폼에 전송하면, AI 소프트웨어가 데이터를 처리하고 동시에 하드웨어인 차량을 정교하게 제어한다. 이 중 어느 하나가 빠지면 자율주행이 이뤄질 수 없다.

세계 최대의 AI 풀스택 기업

이런 과정을 하나의 통합된 체계로 운영할 수 있도록 하는 체계를 'AI 풀스택(통합 기술체계)'이라고 한다. 이 같은 풀스택 기업은 세계적으로도 드물다. 그중 대표적인 곳이 바로 알파벳이다.

알파벳은 AI 연구와 산업을 이끄는 '텐서 생태계'를 주도하고 있다. 하드웨어 측면에선 딥러닝 연산에 특화된 반도체 칩 TPU(텐서처리장치)를 자체 설계해 보유하고 있다. TPU는 GPU(그래픽처리장치)보다 딥러닝 연산을 빠르게 처리하도록 설계했다. 딥러닝 특화 칩을 쓰면 기업이 '가성비' AI 모델을 만들기가 쉬워진다. 구글은 비용 효율화에 무게를 둔 AI 모델 제미나이 2.0플래시를 학습·훈련시킬 때도 GPU 대신 TPU만 사용했다.

하드웨어를 쓸 수 있게 해주는 것은 소프트웨어다. 알파벳은 AI 모델을 만들고 실행할 수 있도록 해주는 소프트웨어 프레임워크 텐서플로우를 두고 있다. 구글은 2015년에 텐서플로우를 개발한 뒤 소스를 공개했다. 덕분에 많은 기업과 연구기관들이 텐서플로우를 활용해 AI 개발에 참여하고 있다. 일종의 자체 생태계를 구축한 셈인 것이다.

이 생태계는 구글 클라우드를 중심으로 돌아간다. TPU와 텐서플로우는 구글 클라우드와 연동해 쓰는 구조다. 데이터의 저장·처리·훈련까지 한 번에 이뤄진다. 여기에 더해 알파벳은 픽셀 스마트폰을

• 알파벳의 AI '풀스택' 생태계

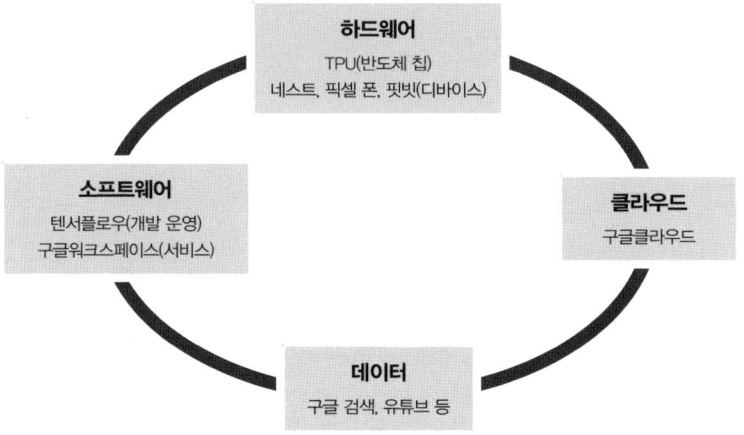

비롯해 웨어러블 헬스케어 기기 '핏빗' 시리즈, 스마트홈 기기 '네스트' 등을 통해 각종 디바이스와 센서 기술도 발전시켜왔다.

이처럼 소프트웨어, 하드웨어, 클라우드, 데이터를 모두 갖춘 풀스택 구조는 강력한 장점이 있다. 일단 서로 다른 기술을 유기적으로 연결해 개발할 수 있다. 예를 들어 센서 기술과 클라우드를 연동하면, 외부 데이터의 인식·학습·처리까지의 흐름을 다른 회사의 도움 없이도 다룰 수 있다. 다른 기업과 협력해 조율할 때보다 훨씬 빠르고 비용도 적게 든다.

GPU 대란에서 자유로울 수 있는 이유

자체 설계한 TPU를 쓸 수 있는 만큼 GPU 의존도가 낮다는 것도 장점이다. AI 개발 붐에 따라 GPU 수요가 폭증해 나타난 'GPU 대란'에서도 비교적 자유롭다.

AI 기술발전의 핵심 재료로 꼽히는 데이터도 풍부하다. 자회사인 구글은 세계 최대 검색엔진 기업이다. 글로벌 검색 시장 점유율이 90% 이상이다. IT업계는 구글을 통해 이뤄지는 검색 건수가 매일 85억 건가량에 달할 것으로 보고 있다.

세계에서 가장 많이 쓰이는 모바일 운영체제(OS) 안드로이드도 구글이 핵심 기능을 관리한다. 세계 최대 동영상 플랫폼 유튜브도 알파벳 산하에 있다. 이들을 통해 모으는 어마어마한 양의 데이터가 AI 경쟁력 기반이 될 수 있다는 얘기다.

구글 검색, 안드로이드, 유튜브를 기반으로 폭넓은 사용자 접점을 확보하고 있다는 것도 강점이다. AI 기능 하나를 만들면 곧바로 수많은 사용자에게 보급할 수 있는 구조다. 선순환 구조도 만들 수 있다. 구글이 AI 검색 기능을 강화하면 이용자가 검색을 더 많이 하고, 구글을 통한 광고 효과가 늘어나는 식이다.

'풀스택' 기업의 장점은 또 있다. 돈을 벌어올 수 있는 통로가 가지각색이고, AI를 더해 덩치를 키울 수 있는 여지도 그만큼 다양하다는 점이다. 알파벳은 AI 관련 매출을 특정 사업 부문으로 한정하

• **알파벳의 매출 구성(2025년 1분기)**

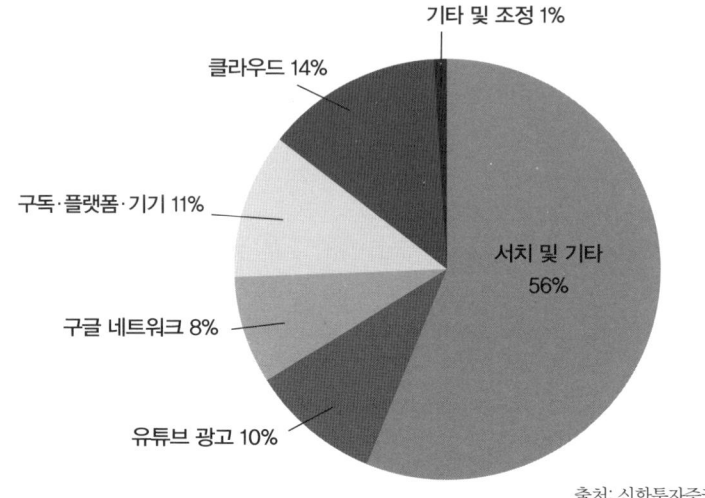

출처: 신한투자증권

지 않고 있다. 광고·서비스·클라우드 등 전 사업 부문에 걸쳐 매출이 발생하고 있어서다.

알파벳은 지메일 등 구글 워크스페이스에 자체 개발 AI 모델인 제미나이를 적용하고 있다. 자사 웹브라우저인 크롬에는 제미나이를 연동해 AI 검색 서비스를 제공한다. AI 챗봇 바드, 동영상 생성형 AI Veo 등도 운영한다. 덕분에 클라우드 사업에선 AI·머신러닝 기반 솔루션 매출이, 광고 사업에선 검색 알고리즘 고도화가 돈을 벌어준다. 구독 서비스 부문에서는 생성형 AI를 더한 각종 서비스가 매출을 키우고 있다.

알파벳은 일상생활에서 필요한 업무를 해줄 수 있는 대화형 'AI 비서' 서비스 프로젝트 아스트라도 추진하고 있다. 텍스트뿐만이 아니라 영상과 같은 멀티모달 정보를 이해하도록 하는 것이 특징이다. 예를 들어 핸드폰 카메라로 옷에 붙어 있는 세탁 라벨을 비추면 그 옷에 적절한 세탁법을 알려주고, 게임중인 컴퓨터 모니터를 비추면 게임 전략 조언을 제공해주는 식이다. 아직 개발 초기 단계지만 상용화할 경우 실생활에서 널리 쓰일 수 있다는 것이 알파벳의 기대다. 삼성전자와 손잡고 안경 형태 가상현실(XR) 기기도 개발하고 있다. XR 기기와 아스트라를 접목한 '안경형 AI 비서' 형태로 발전할 가능성도 언급되고 있다.

첨단 신기술로도 발을 뻗고 있다. 알파벳은 양자컴퓨팅 연구를 선도하는 주요 기업 중 하나로 꼽힌다. 2024년 12월에는 구글을 통해 양자 칩인 윌로우를 발표했다. 슈퍼컴퓨터도 푸는 데 10자 년(10의 24제곱)이 걸리는 문제를 5분 만에 풀 수 있다고 설명한다. 아직 연구 단계지만 상용화를 이룰 경우에는 톡톡한 신규 먹거리 사업이 될 수 있을 것이다.

풀스택형 공룡기업인 만큼 AI 시장에서 발을 넓히는 방법도 다양하다. 오픈AI 경쟁사로 꼽히는 글로벌 AI 기업인 앤스로픽과 AI 칩 협력에 나선 것이 대표적이다.

앤스로픽은 AI 모델 클로드를 앞세워 세계 30만 개가 넘는 기업 고객을 확보하고 있다. 앤스로픽은 구글의 TPU 최대 100만 개를 도입할 계획이다. 알파벳의 제미나이 등 AI 서비스를 이용하지 않는 기업이라도 앤스로픽을 통해 구글의 AI 칩을 쓰게 되는 만큼 간접 수요처를 늘리게 되는 셈이다.

마이크로소프트, 'AI 쩐의 전쟁'의 승자

마이크로소프트는 막대한 AI 투자를 감당할 만큼 강력한 현금 창출력을 갖추고 있다. 전 세계 기업들이 경쟁하는 AI 총력전에서 최후의 승자가 될 것이란 전망이 나오는 이유다.

마이크로소프트는 시가총액 기준으로 세계에서 두 번째로 큰 정보기술(IT) 기업이다. 온갖 분야 기업과 기관, 학교, 가정 등에서 쓰는 마이크로소프트 오피스 시리즈와 애저 클라우드 서비스부터 게임 콘솔 대명사 격이 된 엑스박스, 세계 개발자들이 사용하는 깃허브까지, IT 생태계 전반에 발을 뻗어 있다. 마이크로소프트는 이렇게 큰 '덩치'와 막대한 자금력을 앞세워 가장 적극적으로 AI에 투자하는 기업 중 하나로 꼽힌다.

마이크로소프트의 주요 사업은 크게 네 가지로 나뉜다. 이 중 클라우드·서버 비중이 매출의 무려 40%가량을 차지한다. 오피스365, 링크드인 등을 비롯한 비즈니스·생산성 솔루션은 약 35%, 게임과 뉴스 등 디지털미디어·엔터테인먼트는 약 15% 비중을 두고 있다.

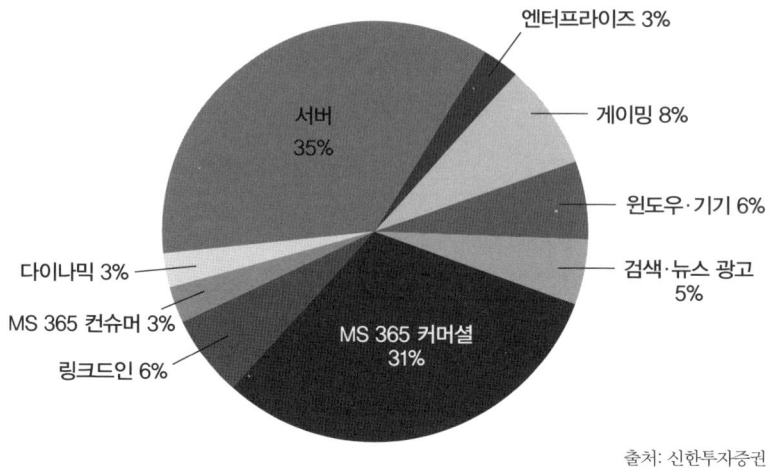

출처: 신한투자증권

나머지 매출 10%는 윈도우즈 프로그램 사용료와 노트북 등 각종 디바이스에서 발생한다.

모든 사업 분야에 AI 접목

마이크로소프트는 사업 분야에 제한을 두지 않고 광범위하게 AI를 활용·확대하고 있다. 애저 클라우드에는 AI 기능을 붙였다. 기업이 클라우드상에서 빅데이터를 분석하고 각종 인사이트를 도출할 수 있도록 지원한다. 기업이 자체적으로 AI 모델을 개발·학습·배포할 수 있는 클라우드 기반 AI 솔루션도 운영한다.

오피스 시리즈엔 AI 기반 생산성 도구 '코파일럿'을 결합했다. MS 워드, 엑셀, 파워포인트, 팀즈 등에 AI 기능을 넣어 이용자가 원하는 문서 형식을 자동으로 생성하게 하는 식이다. 별도 프로그램을 이용하지 않고도 AI가 이메일을 요약해주거나 데이터를 분석해주기도 한다.

윈도우즈 11 시리즈에는 코파일럿을 탑재해 출시하기도 했다. 검색·광고 서비스에도 AI를 적용하고 있다. 검색엔진 빙(Bing)에는 오픈AI와 협업해 대화형 AI 검색 기능을 넣었다.

자체 AI 연구소를 운영하면서 각종 AI 신모델과 새로운 기능도 개발하고 있다. AI 훈련·추론에 주로 쓰이는 애저 마이아, 데이터센터 서버에 쓰이는 애저 코발트 등 자체 설계한 칩을 만들어 사용하고 있다. 연구개발의 효율성을 높이는 한편 엔비디아·인텔 칩에 대한 의존도를 낮추기 위해서다.

강력한 현금흐름이 뒷받침하는 R&D

이 같은 전방위의 연구개발을 가능하게 하는 것은 바로 돈이다. 마이크로소프트는 경쟁 기술기업들에 비해 강한 현금흐름을 유지하는 것이 큰 장점이다. 신기술에 자금을 투입하는 동안에도 기업이 쓸 수 있는 돈이 안정적으로 유지되어야만 오랫동안 지속가능한 AI 투자를 할 수 있다.

마이크로소프트는 막대한 투자를 감당할 만큼 많은 돈을 벌고 있다. 잉여현금흐름(FCF·Free Cash Flow) 마진이 경쟁사에 비해 높은 편이다.

FCF 마진은 기업이 번 돈을 예정했던 투자 등에 쓰고 나서도 얼마나 많은 현금을 '자유롭게' 쓸 수 있는지 보여주는 지표다. 기업이 영업활동을 통해 벌어들인 현금(OCF·Operational Cash Flow)에서 설비투자(CAPEX·Capital Expenditures)를 뺀 금액을 매출액으로 나눠 계산한다. FCF 마진이 높을수록 기업이 신규 투자, 배당, 자사주 매입 등에 사용할 수 있는 여력이 많다는 의미다. 마이크로소프트의 2024년 1~3분기 기준 FCF 마진은 약 29%다. 같은 기간 구글(26%)에 비해 높고 아마존(2%)을 한참 웃돈다.

이렇다 보니 추가 투자 계획에도 거침이 없다. 마이크로소프트는 매년 약 800억 달러를 설비투자에 사용할 전망이다. 데이터센터 등에 필요한 건물 및 토지와 같은 장기자산을 우선순위로 마련하고, 이후에는 서버, 네트워크 장비 등으로 투자대상을 전환한다는 계획이다.

'쩐의 전쟁'에서 유리한 위치인 덕에 갖는 장점이 또 있다. 챗GPT 개발·운영사인 오픈AI와의 관계다. 마이크로소프트는 오픈AI의 최대투자자 중 하나다. 2019년 10억 달러 규모의 투자로 시작해 2024

• 마이크로소프트 영업현금흐름 및 CAPEX 추이

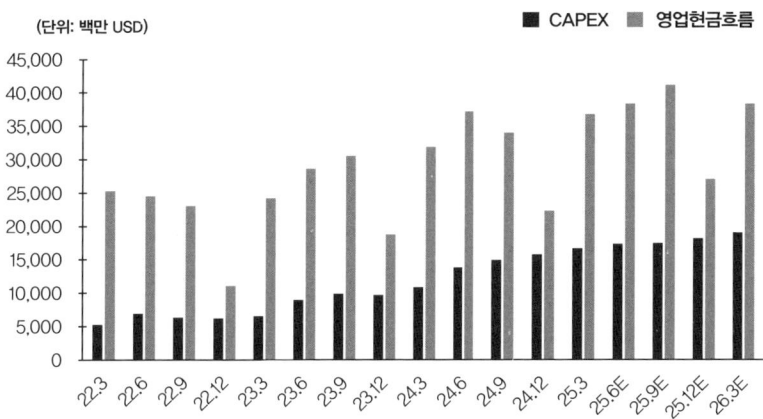

출처: Factset Consensus, KB증권

년까지 약 140억 달러를 투입한 것으로 알려져 있다.

덕분에 마이크로소프트는 오픈AI의 각종 AI 모델을 클라우드 서비스에 접목해 상업적으로 제공할 수 있는 유일한 기업이다. 챗GPT와 DALL-E 등은 모두 애저를 기반으로 운영된다. 2024년 말 기준으로 애저 등 클라우드 사업 부문의 매출 연간 성장률이 30%를 넘는 이유다.

오픈AI와의 신규 협업도 늘리고 있다. 자동화 AI 에이전트 '오퍼레이터'가 대표적이다. 이용자가 식당·호텔 예약을 요청하면 오퍼레이터가 작은 화면을 띄우고, 실제 인간이 하듯 식당·호텔 사이트를 열어 예약을 완료한다. 이 서비스도 애저를 기반으로 운영한다.

마이크로소프트는 미국 정부가 지원하고 나선 민간 AI 프로젝트 '스타게이트'에도 엔비디아, ARM 등과 함께 기술 파트너로 참여한다. 오픈AI와 소프트뱅크, 오라클을 주축으로 합작회사를 세워 미국에 AI·슈퍼컴퓨팅 인프라를 구축하는 프로젝트다. 2025년부터 4년간 5천억 달러가량을 투입할 예정이다.

이 프로젝트는 도널드 트럼프 미국 대통령이 직접 발표해 힘을 실어주기도 했다. 미국이 나라의 명운을 걸고 구축하는 데이터센터에 들어가는 클라우드 서비스가 주로 애저가 될 수 있다는 얘기다. 아마존, 구글 등 이 프로젝트에 참여하지 않는 기업들에 비해 경쟁우위 요소가 될 수 있다. 다른 기업에 비해 스타게이트를 통해 구축한 컴퓨팅 인프라를 활용하기도 더 쉬울 전망이다.

기업용 소프트웨어와 클라우드 서비스, 개인용 컴퓨터(PC) 운영체제(OS)에 강점이 있다는 점도 주목할 만하다. 기존 기업·기관 이용자층을 활용해 빠르게 AI 서비스를 확산시킬 수 있다는 얘기다. 윈도우즈는 PC OS 시장 점유율이 70%에 달한다. 애저는 세계 2위 클라우드 서비스다.

이들 사업은 마이크로소프트가 경기 침체기를 맞더라도 다른 기술기업에 비해 매출이 상대적으로 안정적일 수 있도록 하는 받침대 역할도 한다. 마이크로소프트가 주로 제공하는 클라우드·오피스 서비스는 비즈니스 필수 인프라다. 경기가 나빠져도 기업들이 쉽게 지출을 줄이기 어렵다. 빅테크 종목 중 변동성이 높아지는 구간에서도 상대적으로 방어성이 높을 수 있다.

　마이크로소프트는 안정적인 현금 흐름을 바탕으로 배당금을 정기적으로 지급하고 있다. 연 4회 분기별 배당을 한다. 2025년 초 기준 배당수익률은 약 0.8%다. 18년 연속 주당 배당금을 늘려왔다.

메타,
종착역은 결국 플랫폼

> 플랫폼 기업인 메타는 전체 매출의 96%를 광고에서 벌어들이며 여전히 고속 성장하고 있다. AI로 고도화된 광고가 여전히 메타의 핵심 성장 동력으로 자리하고 있다.

메타는 이름은 생소할지 몰라도 서비스명을 들어보면 '아, 거기' 소리가 나오는 기업이다. 페이스북, 인스타그램, 왓츠앱, 메신저, 스레드 등 막강한 플랫폼 서비스를 여러 개 운영하고 있다. 메타에 따르면 이들 앱의 글로벌 월간활성이용자(MAU)는 총 39억 6천만 명에 달한다. 세계 인구 추정치의 49% 수준이다. SNS, 광고, 커머스, 콘텐츠 등을 아우르는 강력한 플랫폼 생태계를 바탕으로 AI와 메타버스 등 신사업을 키우고 있다.

메타는 2025년 초에 '역대급' 기록을 하나 썼다. 2024년 4분기 실적을 발표한 2025년 1월 말을 전후로 주가가 약 한 달간 하루도 빠짐없이 상승하면서 나스닥시장 최장기간 연속상승 기록을 경신한 것이다.

- 메타의 패밀리 앱 구조

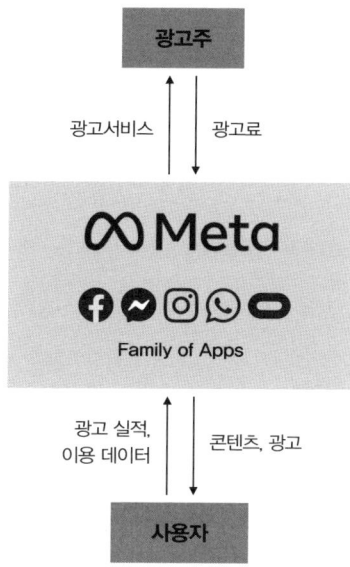

산하 플랫폼 서비스에 AI를 더해 수익성을 높인 것이 비결이었다. 광고는 메타 전체 매출의 96%를 차지하는 핵심 수익모델이다.

어드밴티지 + AI 광고 솔루션

메타는 각 플랫폼의 광고를 AI로 고도화하고 있다. '어드밴티지+ AI 광고' 솔루션을 통해서다. 이 솔루션은 누구에게 언제 어떤 광고를 보여줄지에 관한 타겟팅을 보다 정교하게 해준다. 광고주에게 각종 자동화 서비스도 제공한다. 따로 설정하지 않아도 AI가 가장 좋은 광고 소재·예산 배분·타겟팅 등 조합을 자동으로 실행한다.

여러 플랫폼을 가진 기업답게 광고 솔루션이 다중 플랫폼을 지원하는 것도 특징이다. 광고주가 광고 콘텐츠를 올리면 메타의 AI가 가장 적합한 광고 형식을 자동으로 선택한다. 페이스북에서 더 성과가 좋을지, 인스타그램이 나을지, 인스타그램에 올린다면 사진·릴스·스토리 중 어느 쪽이 가장 반응이 좋을지를 AI가 추천해주는 식이다. 광고주들의 부담을 덜어주기 위해 AI가 광고 카피와 이미지, 영상 요소 등을 자동으로 편집해주는 자동화 기능도 더했다. 광고

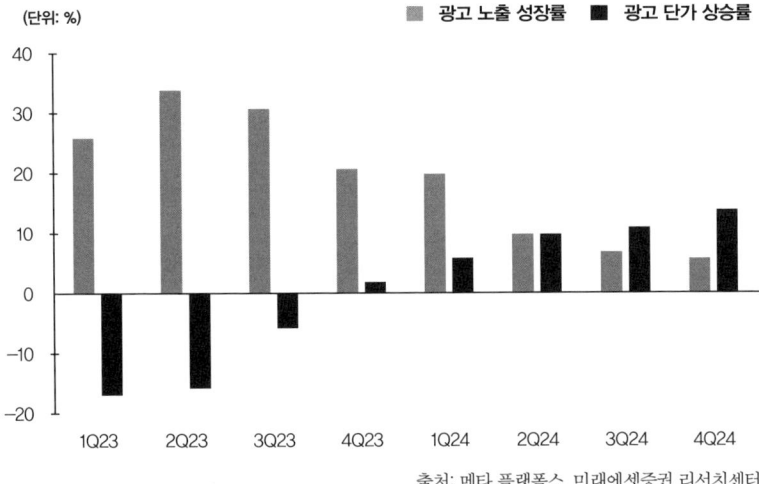

• AI로 광고 사업 강화해 단가를 높인 메타

출처: 메타 플랫폼스, 미래에셋증권 리서치센터

성과 분석도 실시간으로 해준다.

이를 통해 메타는 고속 성장을 하고 있다. 광고 매출이 쑥쑥 성장 중이다. 2024년 4분기 메타의 광고 매출은 약 468억 달러로 전년동기 대비 21% 급증했다. 평균 광고 단가는 전년 대비 14% 올랐다. 광고주들이 그만큼 더 높은 비용을 지불할 용의가 있다는 얘기다.

AI를 통한 타겟팅 등으로 광고의 질을 높이는 한편, 광고를 노출시키는 '양'도 늘리고 있다. 인스타그램은 2024년 4분기 비디오 시청 시간이 전년 대비 25% 늘었다. 인스타그램의 숏폼 영상 서비스인 릴스 재공유 건수는 하루 450억 번에 달한다. 페이스북과 인스타그램, 왓츠앱 등은 일일활성이용자(DAU) 수도 증가세다. AI 기반 콘텐츠 추천을 강화하고 AI 챗봇 기능, AI 이미지·동영상 생성 기능 등을 추가한 덕이 컸다.

막대한 데이터가 가진 플랫폼 기업의 힘

메타가 이 같은 성과를 낼 수 있는 이유는 플랫폼 기업으로서 막대한 데이터를 보유하고 있기 때문이다. 페이스북, 인스타그램, 왓츠앱, 스레드의 사용자가 늘어날수록 메타의 데이터 규모도 증가한다. 이 방대한 데이터를 활용해 개인화 서비스를 개선하고, 이에 따라 사용자가 더 늘어나는 선순환 구조를 쓸 수 있다.

엔비디아와의 협력도 주효하다. 메타는 엔비디아와 함께 클라우드 기반 AI 슈퍼컴퓨터 인프라 '안드로메다'를 가동하고 있다. 자연어 처리나 생성형 AI, 광고 최적화 AI 연구에 필요한 초대규모 AI 모델 학습을 안드로메다를 통해서 하고 있다. 더 크고, 더 정교한 AI 서비스를 제공하기 위해서다.

AI 기술을 기업 간 거래(B2B) 시장으로도 확장하고 있다. 왓츠앱과 메신저, 인스타그램 DM 등 메세지 전달 서비스에서는 AI 챗봇 솔루션 사업을 키우고 있다. 고객이 문의하면 AI가 자동으로 자연스러운 답변을 주고, 고객의 구매 이력이나 선호도 등을 분석해 제품을 자동으로 추천해주는 챗봇이다.

2024년부터 기업과 소상공인 등에 본격적으로 적용하고 있다. 왓츠앱과 메신저에서는 고객이 제품을 구입하고 싶다고 얘기할 경우 제품 링크만 보여주는 것이 아니라 채팅 창 안에서 결제 서비스를 이어주는 기능도 추가했다. 이 같은 기업용 서비스가 많아질수록 플랫폼 수익성은 더 높아진다.

자체 AI 모델 Llama 시리즈를 필두로 AI 모델 경쟁에도 속도를 붙이고 있다. AI 연구개발에 있어서도 일종의 플랫폼 전략을 쓰고 있다. 모델을 누구나 자유롭게 쓸 수 있게 공개하는 '오픈소스' 방식을 택했다. 이는 기업·기관, 연구자, 개발자 등이 쉽게 모델에 접근할 수 있어 개발자와 이용자를 메타의 AI 생태계로 빠르게 모여들게 할 수 있다. 스타트업들이 메타의 AI 모델을 기반으로 솔루션을 개발하면 인스타그램 등에 기능을 쉽게 결합할 수도 있어 플랫폼 경쟁력에도 도움이 된다.

메타가 개발한 AI 모델 개발 프레임워크 '파이토치'도 오픈소스로 제공한다. 파이토치는 구글의 텐서플로우와 함께 가장 널리 사용되는 AI 개발 도구 중 하나로 꼽힌다. 테슬라도 자율주행 AI 개발 프레임워크로 파이토치를 사용하고 있다.

IT업계에서는 메타가 파이토치 생태계를 기반으로 AI 모델을 학습·배포·운영하는 기업을 겨냥해 AI 클라우드 서비스를 내놓을 수 있다고 보고 있다. 이렇게 되면 메타에게는 새로운 매출원이 열리게 된다. AI 클라우드 서비스가 나오면 메타가 앞서 오픈소스로 내놓은 AI 모델도 수익화할 수 있다. AI 클라우드 서비스에서 API를 제공하고 기업들이 메타의 AI 모델을 가져다 쓰게 할 수 있기 때문이다.

이를테면 AI 챗봇을 운영하려는 기업이 Llama API를 바탕으로 챗봇을 운영하게 하는 식이다. 기업 입장에서는 AI 개발을 따로 거치지 않아도 되어서 챗봇 운영 비용을 크게 절감할 수 있고, 메타는 챗봇 사용량(API 호출 수)에 따라 일정액을 기업에 과금해 수익을 낼 수 있다.

사명(社名)까지 바꾸고 거액을 붓고 있는 메타버스 사업도 AI와 함께 추진하고 있다. 메타는 2023년부터 메타버스와 AI를 통합하는 전략으로 사업을 벌이고 있다. 사용자가 텍스트를 입력하면 AI가 가상공간을 생성하고, 메타버스에서 AI 기반 아바타가 고객 응대 서비스를 할 수 있게 하는 식이다.

다만 메타의 메타버스 사업은 대규모 투자에 비해 수익을 내지 못하고 있다. 메타의 메타버스·가상현실(VR)·증강현실(AR) 사업을 아우르는 리얼리티 랩스 부문은 2024년 말까지도 적자를 면치 못했다. 전문가들은 AI 연구개발 비용 효율 개선 트렌드가 도움이 될 수 있을 것으로 보고 있다. 메타버스는 아직 초기 단계라 한동안은 대규모 투자 단계를 거쳐야 하는데, 이러한 트렌드로 인해 그동안 들어갈 비용을 일부 줄일 수 있을 것이다.

애플,
세계 최고 주주환원율

애플은 자사주 소각에만 매년 100조 원 이상을 투입하고, 배당금으로도 20조 원을 지급한다. 잉여현금흐름의 90%를 주주환원에 쓰는 기업은 세계적으로 애플이 유일하다.

애플은 사상 최초로 시가총액 3조 달러를 돌파한 미국의 대표 빅테크다. 아이폰을 내놓은 스타 창업자인 스티브 잡스가 타계하면서 사람들은 '스티브 잡스 없는 애플은 끝'이라고들 했지만, 아이폰 혁명을 시작으로 웨어러블 기기와 콘텐츠 및 서비스, 금융, XR, AI까지 사업을 확장해나가면서 보란 듯이 고속 성장했다.

애플 혁명의 시작과 현재, 아이폰

2007년 스티브 잡스는 아이폰을 선보이면서 "오늘 세 가지 혁신적인 제품을 소개합니다. 와이드 터치스크린 아이팟, 혁명적인 전화기,

• 애플 실적 추이 (단위: 억 달러)

구분	매출	순이익
2020	2745.15	574.11
2021	3658.17	946.8
2022	3943.28	998.03
2023	3832.85	969.95
2024	3910.35	937.36

그리고 끊기지 않는 인터넷 기기. 이 세 가지는 더 이상 따로가 아닙니다. 하나입니다. 우리는 이것을 아이폰이라 부릅니다"라고 말했다. 이 혁신적인 제품은 1980년대 '인터넷 혁명'에 이은 '스마트폰 혁명'을 낳았다. 아이폰의 등장으로 사람들은 손 안의 컴퓨터를 통해 언제 어디서나 인터넷 검색을 하고 SNS를 통해 생각을 공유하며 일상을 송두리째 바꿨다.

그러나 글로벌 스마트폰 시장은 2016년에 정점을 찍고 그 뒤로는 성장세가 급격히 둔화되었다. 스마트폰 보급이 빠르게 이뤄지면서 전 세계에서 대부분의 사람들이 다 스마트폰을 갖고 있게 된 것이다. 기기 교체 주기도 길어지기 시작했다. 신흥국 시장에서는 중국 화웨이, 오포 등의 저가 스마트폰 업체가 가격 경쟁력을 앞세워 시장을 잠식해나갔다. 핵심 시장인 중국에서도 이 중국 현지업체들에 밀리기 시작했다.

• 애플 사업 부문별 매출 비중

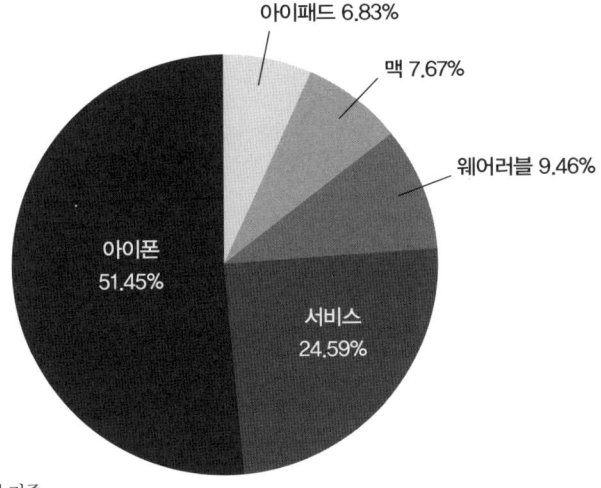

주: 2024년 기준

그럼에도 아이폰은 여전히 애플의 현재와 미래의 핵심 사업 모델이다. 2024년 기준으로 애플 전체 매출의 51%가 아이폰에서 나오고 있는 데다, 아이폰을 기반으로 한 여러 가지 제품들이 인기를 끌고 있다. 대표적인 제품이 애플워치와 에어팟이다. 아이폰과 호환이 되는, 이 웨어러블 기기들은 출시되자마자 히트를 쳤고 단숨에 스마트워치 시장과 무선이어폰 시장의 점유율 선두에 올랐다. 웨어러블 기기 및 액세서리 부문은 전체 매출의 9.5%를 차지하면서 컴퓨터(맥) 부문의 점유율 7.6%를 웃돌고 있다.

'콘텐츠·금융' 자체 생태계 구축

애플은 자체 운영체제인 iOS를 통해 하드웨어와 소프트웨어를 융합한 사업 구조를 구축했다. 아이폰, 아이패드, 맥북을 사면 이미 설치되어 있는 iOS는 단순 운영체제가 아니다. 여기에는 앱 판매장터인 앱스토어, 음원 유통 아이튠즈, 클라우드서비스인 아이클라우드 등이 포함된다. 아이폰을 구매한 사용자는 단순 스마트폰을 구매한 것이 아니라 자연스럽게 애플이 구축한 거대한 서비스 생태계에 발을 들이게 된 것이다.

iOS는 아이폰, 아이패드 등 모든 애플 기기와 연동되어 호환성이 높은 동시에 구글의 안드로이드 운영체제 등의 서비스와는 호환이 안 된다. 이처럼 구조가 폐쇄적이기 때문에 이 생태계에 들어간 사용자는 쉽게 다른 서비스로 옮겨가기 힘들다. 앱스토어 수수료, 클라우드 구독료, 음원 수수료 등을 합한 애플의 서비스 부문 매출은 2024년 기준으로 전체 매출의 24.6%에 달한다. 전년 대비 13% 증가한 수치로, 기업 성장의 원동력으로 작용하고 있다.

애플은 2012년, 디지털 지갑 앱 서비스 '월렛'을 내놓으며 금융 서비스 영역에도 발을 내디뎠다. 모바일 결제수단인 애플페이, P2P 송금 서비스인 애플캐시는 물론, 단기 및 장기 대출서비스까지 내놓고 있다. 뿐만 아니라 골드만삭스와 손을 잡고 고금리를 제공하는 저축계좌 서비스도 시작했다. 애플 생태계에 빠진 충성 고객층을 확보하고 있는 만큼, 애플의 금융 서비스도 앞으로 미래 성장 동력으로 자리 잡아갈 것으로 전망된다.

고전하는 XR… 분발하는 애플 인텔리전스 AI

애플은 차세대 먹거리로 낙점한 확장현실(XR) 기기 분야에서는 고전하고 있다. XR 시장 자체가 2020년 메타버스 광풍이 지나가고 난 후 빠르게 거품이 사그라들면서 그 영향을 받은 것이다. 기기를 통해 누릴 수 있는 콘텐츠도 제한적인 데다, 기기의 가격이 비싸게 책정되면서 접근성이 떨어진다는 평가가 많다.

2024년 애플이 야심차게 출시한 XR 기기 '비전프로'는 과도하게 비싼 가격과 불편한 착용감 등으로 결국 시장에서 외면받았다. 그럼에도 애플은 '증강현실(AR) 안경'(스마트 안경) 개발에 매진하고 있다. AR 안경은 AR 기능을 탑재해 안경처럼 쓰고 주변 환경을 눈으로 보면서 그 위에 투사된 각종 디지털 콘텐츠·정보를 볼 수 있는 기기다. 비전프로보다 가격이 낮아지고 콘텐츠 경쟁력을 갖추면 흥행에 성공할 수 있지만 메타와의 XR 경쟁이 치열해지고 있는 점이 변수로 작용한다.

애플은 '애플 인텔리전스'라는 기기에 탑재되는 온디바이스 AI 기술을 통해 AI 주도권을 노리고 있다. 애플은 다른 빅테크에 비해 AI

부문에서 투자에 소극적이라는 평가를 받기도 했다. 이런 상황에서 2024년에 애플 인텔리전스를 출시했다. 텍스트를 요약하고 이미지를 생성하며 번역 기능 등을 제공하지만 특별할 것이 없다는 혹평을 들었다. 아이폰 음성 비서 '시리'에 오픈AI의 챗GPT를 이식하면서 자체 AI 역량에는 한계가 있다는 시장의 반응도 나왔다. 하지만 애플만의 탄탄한 생태계를 갖춘 만큼 AI 수익화에는 잠재력이 클 전망이다. 애플은 자체 AI 데이터센터 구축과 반도체 설계를 위한 연구개발(R&D) 인력 확충에 힘쓰고 있다.

화끈하게 돌려주는 주주환원 정책

애플의 적극적인 주주환원 정책은 꼭 체크해야 할 투자 포인트다. 애플 최고경영자(CEO) 팀 쿡은 주주환원에 소극적이었던 스티브 잡스와 달리 2012년부터 자사주 매입을 시작했다. 잉여현금흐름 90% 가까이를 사용하며 주주환원에 적극 나서고 있다. 자사주 소각에 쓰는 돈만 연간 100조 원 이상에 달하고, 20조 원가량은 배당금 지급에 쓴다. 이러한 주주환원 정책은 애플 주가의 하방을 단단하게 지키는 버팀목으로 작용하고 있다고 평가받는다.

아마존,
세상의 모든 것을 담다

아마존은 아마존닷컴을 통해 방대한 소비자 데이터를 축적해왔다. 이를 기반으로 물류 시스템을 혁신하고 맞춤형 쇼핑 경험을 실현하며 세계 최대 플랫폼으로 자리 잡았다.

아마존은 세계에서 가장 큰 전자상거래(이커머스) 기업이다. 이커머스 플랫폼인 아마존닷컴은 식료품이나 의류, 전자제품부터 공업용 부품까지 그야말로 없는 것이 없다.

아마존 자체 판매 제품에 제삼자 판매자(독립판매자)까지 아우르면 아마존에 올라와 있는 제품은 6억 개에 달하는 것으로 추산된다. 세계에서 가장 많은 전자상거래 관련 데이터를 보유한 기업이 아마존이라는 얘기가 나오는 이유다. 그리고 AI의 핵심은 바로 데이터다.

데이터가 있어야 AI가 사람의 행태를 학습하고, 사람이 어떤 것들을 원하는지 추론할 수 있다. 데이터가 AI 시대의 '석유'로 불리는 이유다. 하지만 데이터를 별도로 확보하는 데는 시간과 돈이 든다. 각국이 개인정보 보호를 강조하면서 절차도 까다로워졌다.

소비자 구매행동 분석한 맞춤형 쇼핑

아마존은 아마존닷컴을 통해 다양한 데이터를 확보한다. 이용자의 구매 이력부터 검색 기록, 장바구니에 담은 물건, 리뷰, 페이지 체류 시간 등 이용자의 행동패턴 등이 대표적이다.

아마존은 이를 AI에 학습시켜 각종 기능을 강화하고 있다. 이용자의 쇼핑 과정에서는 구매 행동을 실시간으로 분석해 개인화 추천을 제공한다. 이용자의 검색 기록을 바탕으로 구매 가능성이 높은 제품을 우선 노출하는 것이다. '이 제품을 본 고객은 저런 제품도 구매했다'며 제품을 추천하기도 한다. 같은 상품이라도 사용자의 검색·구매 패턴에 따라 AI가 가격을 바꿔 보여주는 가격 최적화 기능도 추가했다.

생성형 AI로는 제품 리뷰 요약을 제공하고 있다. 이용자가 일일이 리뷰 글을 눌러보지 않고도 많이 나온 평가를 파악할 수 있도록 '이 제품에 대해 가장 많이 언급된 내용은 배터리 수명이 길다는 것'과 같이 정보를 알려준다.

2024년에는 AI 쇼핑 도우미 '루퍼스'를 출시했다. 이용자의 '자전거 탈 때 신기 좋은 신발 추천해줘' '커널형 이어폰과 오픈형 이어폰의 차이가 뭐야' 등 각종 질문에 챗봇 형태로 자연스러운 답변을 하고 제품을 추천한다.

덕분에 아마존 마켓플레이스는 꾸준히 성장하고 있다. 아마존의 제삼자 판매자 매출은 2024년 4분기에 사상 최대 기록을 냈다. 전체 상품 판매 중 60% 이상이 제삼자 판매자를 통해 이뤄진 것이다.

AI로 물류 혁신, 효율화에서 앞서가

물류 개선도 AI를 통해 이뤄지고 있다. 아마존은 미국 주요 대도시와 유럽 일부 국가 등에서 당일·1일 배송 서비스를 하면서 점유율을 키우고 있다. 이용자 데이터를 바탕으로 AI 기반 재고관리 시스템을 운영한 덕분에 가능한 서비스다. 어느 시기에 어떤 제품이 얼마나 팔리는지 AI가 수요를 예측하고 지역별로 재고를 나눈다. 이용자가 주문하기 전에 이용자가 구매할 법한 제품이 미리 대도시 인근 물류센터로 이동해 있는 구조를 갖추고 있어, 경쟁사들에 비해 배송이 훨씬 빠르다. 물류센터 내에는 드론과 자율주행 물류 로봇 등을 활용한 자동화시스템을 도입했다.

아마존의 물류센터는 그 자체가 AI 모델 시연 센터 역할도 한다. 이용자 데이터를 반영한 AI 모델을 외부와의 협업 없이도 바로 활용해보고, 결과를 즉각 반영해 모델을 조정할 수 있다. B2C 채널이 없는 다른 기업들은 따라하기 힘든 시너지효과를 내고 있는 것이다.

아마존이 데이터와 AI를 활용하는 분야는 이커머스만이 아니다. 아마존은 AI를 활용한 초개인화 광고 사업도 하고 있다. 아마존닷컴

• 아마존 사업 부문별 매출 비중

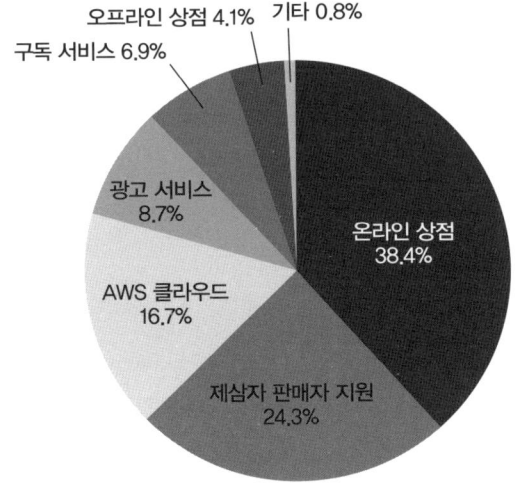

안에서만이 아니라 아마존 프라임비디오를 비롯한 산하 플랫폼, 외부 웹사이트와 앱 등으로도 광고를 내보낸다. 소비자 조사와 타겟팅 등을 모두 AI를 통해 하고 있다. 광고주가 광고를 맡기면 맞춤형으로 광고를 집행해준다.

컴퓨터 비전과 센서 기술 등을 접목한 AI 기반 무인 결제 시스템 '저스트 워크 아웃 기술(Just Walk Out)'으로도 유명하다. 손님이 가게로 들어가서 그저 물건을 들고 나오면 계산대를 거치지 않아도 자동으로 결제가 완료되는 기술이다. 손님 입장에선 시간을 아낄 수 있고, 가게는 인건비를 크게 절감할 수 있다. 저스트 워크 아웃은 미국내 무인 편의점인 '아마존 고'를 비롯해 일부 스포츠경기장과 공항 내 매점 등에서 활용되고 있다. 아마존은 이 기술을 더 많은 소매업체와 결합할 수 있다고 보고 있다.

아마존의 또 다른 무기는 클라우드 자회사인 아마존웹서비스(AWS)다. AWS는 세계 클라우드 시장의 30% 이상을 차지하는 1위 클라우드 기업으로 각국의 정부와 기업, 기관 등을 고객사로 두고 있다. 아마존 전체 영업이익의 58%가량을 차지하는 핵심 성장동력원이다.

아마존은 AWS를 통해 꾸준히 안정적인 현금흐름을 내고, 그렇게 번 돈을 AI에 집중 투자하고 있다. 아마존닷컴을 비롯한 유통사업은 매출 규모가 크지만 경쟁이 치열해 상대적으로 마진이 낮다. 소비자들의 지갑 사정이 나빠지면 그만큼 온라인 쇼핑 규모가 줄어 경기 영향도 많이 받는다.

반면 AWS는 고마진에 반복매출 구조다. 서버와 데이터센터 등 인프라를 한 번 대규모로 구축해두고 이를 바탕으로 서비스를 운영해 고정비가 많이 들어가지 않는다. AWS의 영업이익률은 2024년 4분기 기준 31.7%에 달한다. 같은 기간 아마존의 전체 영업이익률(11.3%)을 크게 웃돈다.

기업과 기관을 대상으로 대규모 장기·반복 구독 계약이 많다는 점도 강점이다. 경기가 악화되면 오히려 이용자가 늘기도 한다. 기업들이 비용 절감을 위해 자체 서버를 줄이고 클라우드 서비스로 전

• 글로벌 주요 클라우드 사업자 시장점유율

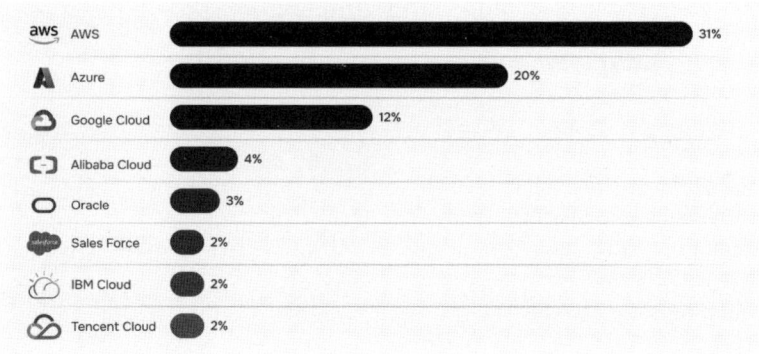

출처: emma

환하는 경향이 높기 때문이다.

　AWS는 AI 서비스를 통해 덩치를 더 키우고 있다. 기업에 단순히 클라우드 서버를 임대해주는 것이 아니라, 기업들이 쉽게 AI를 활용할 수 있도록 생성형 AI, 머신러닝, 빅데이터 분석, 보안 서비스 등을 추가로 제공한다.

　아마존 세이지메이커 플랫폼을 통해서는 기업이 AI 모델을 만들어 배포할 수 있도록 데이터 준비부터 모델 훈련·배포, 모니터링 서비스를 한 번에 제공한다. 아마존 베드락 서비스는 기업이 AI 모델을 직접 만들지 않아도 AWS에서 제공하는 각종 AI 모델을 선택해 사용할 수 있도록 하고 있다. 기존 고객사들이 AI 활용을 늘릴수록 자연히 매출이 증가한다.

비장의 카드, 음성 비서 '알렉사'

이런 클라우드 사업 구조도 전략적 포지셔닝에 유리하다. 아마존은 AI 경쟁구도에선 마이크로소프트나 구글에 비해 '슬로우스타터'다. 대규모 AI 모델 개발 등은 대규모 자금을 투입해 먼저 시작한 다른 기업에 상대적으로 밀린다.

대신 아마존은 '선택과 집중'을 한 다양한 AI 모델을 제공하는 쪽으로 사업을 벌이고 있다. 2024년 12월에는 AWS 연례 행사인 '리인벤트'에서 "현실에서 모든 전문분야 관련 질문이 한 사람에게 가지 않듯, 고객들도 앞으로는 각자의 목적마다 서로 다른 AI 모델을 쓸 것"이라고 밝혔다. 이에 맞춰 자사 AI 시리즈 '노바' '모다' 등을 통해 자연어처리, 이미지생성, 비디오생성 등 서비스를 나눠서 개발하고 있다. 멀티모달 AI인 모다는 라이트·프로·프리미어 등으로 성능을 세분화해서 제공할 예정이다. AWS를 이용하는 기업들을 겨냥한 조치다.

'비장의 무기'가 될 수 있는 카드로는 이미 널리 알려진 음성 비서 '알렉사'가 꼽힌다. 알렉사는 2024년 말 기준, 미국에서 스마트 스피커 시장의 66% 점유율을 차지하고 있다. 미국 가정의 네 곳 중 한 곳은 최소한 한 개 이상의 알렉사 제품을 구비한 것으로도 알려져 있다. 아마존은 알렉사의 AI 기능을 강화하고 있다. 기존엔 가전제품을 제어하거나 날씨를 알려주는 등의 기능에서 그쳤지만, 이젠 AI

기반으로 보다 자연스러운 대화형 도움을 지원한다. '시리얼을 다시 주문해줘'라고만 해도 사용자가 그간 주문한 기록을 분석해 아마존에서 물건을 주문해주고, '아이들에게 자기 전에 들려줄 동화 이야기를 만들어줘'라고 하면 아이들의 이름을 넣어서 동화를 만들어주기도 한다. AI 기능을 보다 고도화하면 알렉사가 집안 곳곳의 AI 개인 비서가 될 수 있다는 예상도 나오고 있다.

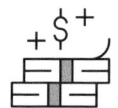

미국 증시의 성장은 특정 기업에만 머물지 않는다. AI, 바이오, 우주항공 같은 차세대 산업에서 새로운 강자들이 속속 등장하고 있다. 이들은 미래 사회의 기술 패러다임을 바꾸며 막대한 투자 자금을 끌어모으는 중이다. 전통 M7을 넘어설 잠재력을 가진 '뉴M7'을 선점하는 것이 장기 투자의 성과를 좌우한다. 3장에서는 산업별 유망 기업을 짚어보고, 미국 증시의 새로운 주도주를 어떻게 찾아낼 수 있는지 살펴본다.

PART 3

AI부터 바이오, 우주항공까지 뉴M7을 찾아라

브로드컴·팔란티어,
AI 시대의 강자들

<u>브로드컴</u>은 엔비디아의 독점 체제에 맞서며, 빅테크 기업들을 고객으로 확보하고 있다. 팔란티어는 축적된 데이터와 AI 분석 역량을 기반으로 독보적 시장 지위를 굳혀가고 있다.

미국 500개 대형 기업을 담은 주가 지수인 S&P500은 시가총액 등을 기준으로 매년 네 차례 구성종목 리밸런싱을 진행한다. 비중 상위 10개 종목은 1980년부터 2025년 초까지 5년마다 평균적으로 4개가 바뀌었다.

인공지능(AI) 대장주로 등극한 엔비디아는 2020년까지만 해도 상위 10개 종목 안에 들지 못했다. 2010년 대형 기술주 매그니피센트(M7) 중 상위 10위 안에 든 기업은 애플과 마이크로소프트뿐이었다. 이는 현재 주목받지 않는 AI 기업이나 로봇 기업 등이 현재의 M7보다 높은 성장세를 보인다면 새로운 M7으로 등극할 가능성이 높다는 의미다.

'제2의 엔비디아' 브로드컴

반도체 기업 브로드컴은 엔비디아의 대항마로 가장 주목받고 있다. 브로드컴이 제작하는 맞춤형 반도체(ASIC)가 AI 반도체 시장을 독점하다시피 하던 엔비디아의 그래픽처리장치(GPU)를 위협하고 있기 때문이다. 애플, 구글, 메타 등 빅테크들이 앞다퉈 브로드컴에 ASIC 발주를 하고 있다. 글로벌 ASIC 시장 규모는 AI 시장이 로봇, 자율주행 자동차 등으로 확장되며 2024년 231억 달러 수준에서 2027년 900억 달러 규모로까지 커질 것으로 전망된다.

ASIC가 주목받는 이유는 주요 빅테크가 AI 분야에서 '슈퍼 갑'으로 떠오른 엔비디아에 대해 불편한 기색을 내비치고 있기 때문이다. 글로벌 AI 칩 시장은 2024년 기준, 엔비디아가 90% 이상 장악하고

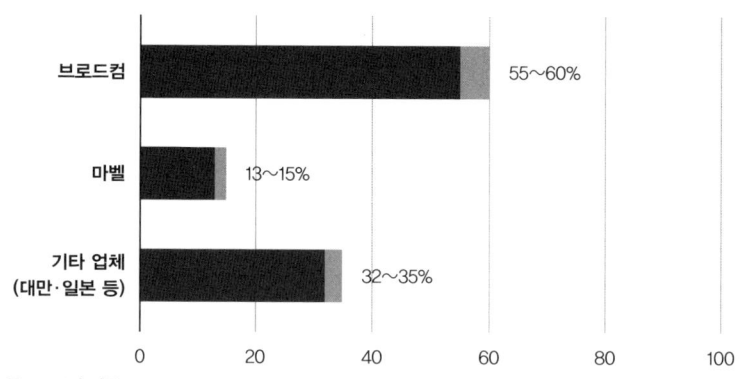

• 맞춤형 반도체(ASIC) 점유율

주: 2024년 기준

있다. 사실상 독점 체제로 공급되는 만큼 부르는 게 값일 정도로 가격이 치솟았다. 이렇게 비싼 돈을 내고도 공급이 부족해 제품을 받기까지 수개월에서 1년 이상 걸린다.

AI 시장 패권을 잡기 위해 기술 발전을 서두르고 있는 빅테크 입장에선 'AI 칩 독립'이 무엇보다 시급한 상황인 것이다. 브로드컴은 빅테크들의 이 같은 움직임의 수혜 업체다. 이전에는 와이파이와 블루투스 등 통신 장비용 반도체 설계가 주된 업무 분야였지만, ASIC에서 매출이 극대화되면서 AI 반도체 회사로 거듭나고 있다. 2024년 인공지능 관련 매출은 122억 달러로 전년보다 220% 불어났고, 회사 전체 매출에서 차지하는 비중도 11%에서 24%로 늘었다. ASIC는 엔비디아의 GPU보다 처리 속도는 떨어지지만 에너지 효율이 뛰어나고 저렴하다는 장점이 있다.

주주환원에도 앞서가는 전통의 배당주로도 유명하다. 브로드컴은 국내에서 '슈드'로 유명한 미국 고배당 상장지수펀드(ETF) '찰스 슈왑 US 디비던드(SCHD)'에 오랜 기간 편입되었다. SCHD는 10년 이상 연속으로 배당을 지급한 기업들 중에서 배당수익률 상위 50%인 기업을 골라낸 다음 최근 5년간 배당 성장률이 좋았던 기업을 선별하는 과정을 거친다. 수익성(ROE)이나 현금흐름 대비 부채 비율 등의 까다로운 추가 기준을 거쳐야만 편입될 수 있다. 브로드컴의 배당성장률은 2024년 기준으로 5년간 14.7%에 달했다.

AI 소프트웨어 대장주인 팔란티어

AI가 미국 증시를 지배했던 2024년, 미국 S&P500지수에 포함된 대형주 중에서 가장 주가가 많이 오른 종목은 팔란티어다. 한 해 동안 무려 약 350% 오르며 1위에 올랐다. 당시 주주들의 관심이 AI 반도체 등 하드웨어에서 AI를 활용해 실제로 돈을 벌고 있는 AI 소프트웨어 관련 종목으로 쏠렸고, 그러면서 팔란티어가 AI 소프트웨어 대장주로 등극한 덕분이다.

팔란티어는 미국 국방부, 중앙정보국(CIA) 등 공공기관에 AI 기반 정보처리 소프트웨어를 판매하는 업체다. 주요 고객이 정부기관인 이유는 팔란티어의 AI 소프트웨어가 군사 및 정보 분야에 초점을 맞

• 글로벌 AI 소프트웨어 매출 (단위: 억 달러)

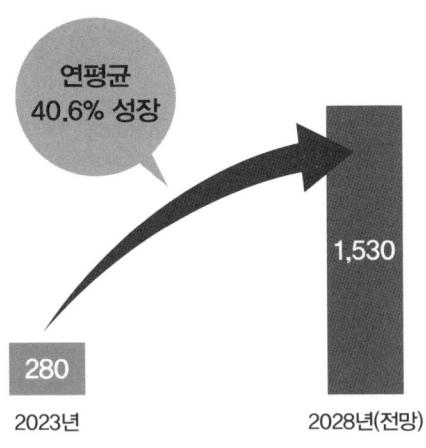

출처: Bloomberg

추고 있기 때문이다. 20년 넘게 대테러 방지 등 정부 프로젝트를 수행하면서 꾸준히 성장했고, 미국 정부라는 안정적 수익원을 가진 만큼 사업 안정성도 크다. 오랜 기간 쌓아온 기술력으로 민간 부문에서의 시장 확대는 차세대 성장동력이 될 전망이다. 팔란티어는 '반지의 제왕'에 등장하는 세상 모든 곳을 보는 천리안 수정구슬에서 사명을 따왔다.

팔란티어는 소프트웨어는 크게 '고담' '파운드리' '아폴로'로 분류된다. 핵심은 테러나 범죄, 국방 분야에서 이용되는 빅데이터 플랫폼인 고담이다. 만화 배트맨과 할리우드 영화 〈다크나이트〉 시리즈의 배경인 범죄 도시 '고담'에서 착안한 이름이다. 데이터를 조합해 실시간으로 적군의 동태를 파악하고 어떤 전략을 수립하는 것이 이상적인지 분석 결과를 제공한다. 고담은 2011년 9·11 테러 주동자인 알카에다 수장인 오사마 빈 라덴을 파키스탄 은신처에서 사살한 '넵튠 스피어' 작전에서 핵심적인 역할을 했다.

러시아-우크라이나 전쟁은 팔란티어가 톱티어 방산주이자 AI 종목으로 한 단계 업그레이드되는 결정적 계기로 작용했다. 인공위성과 정찰 드론 등으로 수집한 정보를 분석해 적군의 위치를 정확히 파악하고 우크라이나가 러시아군 핵심 시설을 정밀 타격할 수 있게끔 했다. 전파 방해 가능성이 있는 GPS(위성 항법 시스템) 대신 자체 지형 분석 시스템을 이용한다. 수억 원짜리 미사일이나 수천억 전투기가 하는 역할을 단 1천만 원 정도의 드론이 수행한 셈이다. 영국

경제주간지 〈이코노미스트〉는 다윗을 우크라이나, 골리앗을 러시아로 비유하면서 "다윗의 '돌팔매' 역할을 한 것이 팔란티어 AI 시스템"이라고 했다. 무서운 점은 드론이 비행중 탐지하는 각종 데이터는 팔란티어의 데이터가 되어 AI 시스템은 갈수록 더 진화한다는 것이다. 팔란티어의 최종 목표는 마이크로소프트가 윈도우 OS로 PC 시장을 점령한 것처럼 세계 방산시장의 운영체제(OS)를 장악해, 방산시장을 점령하는 것이다.

팔란티어 창업자 피터 틸도 투자 체크 포인트다. 그가 도널드 트럼프 미국 행정부를 움직이는 핵심 인물이기 때문이다. 피터 틸은 트럼프 대통령이 처음 당선된 2016년 미국 대선에서 민주당 성향이 강한 실리콘밸리의 주요 인물들 중에서 유일하게 트럼프를 적극 지지했다. 트럼프 2기 행정부에서 피터 틸은 도널드 트럼프에게 JD 밴스 부통령을 부통령 후보로 추천했다. 피터 틸은 트럼프 행정부 실세인 테슬라 CEO 일론 머스크와도 페이팔을 공동 창업할 만큼 친밀한 사이다. 이는 팔란티어의 주요 고객이 미국 정부기관인 만큼 일각에서는 트럼프 시대에 최고 수혜주가 팔란티어라는 평가가 나오는 배경이다.

AI 시대는
전력 인프라와 원전부터

AI 산업은 방대한 연산 능력을 뒷받침할 막대한 전력이 필요하다. 생성형 AI 서비스는 기존의 검색 같은 인터넷 서비스보다 10~30배 많은 전력을 요구하는 것으로 분석된다.

2025년 초부터 스페인과 포르투갈, 남부 프랑스, 미국령 푸에르토리코 등 세계 곳곳에서 대규모 정전 사태가 났다. 미국도 사정이 비슷하다. 여름 폭염 시기에는 플로리다에서, 겨울 혹한기에는 텍사스에서 종종 정전이 일어난다. 오래 전에 깔린 전력 인프라가 늘어난 전력 수요를 견디지 못하고 있는 것이다.

이 때문에 전력 인프라 섹터는 2024년에 미국 증시에서 좋은 수익률을 낸 섹터 중 하나로 꼽혔다. 미국이 국가 차원에서 전력망 투자를 확대하고 있는 한편, 산업계에선 AI 데이터센터가 늘어나고 있기 때문이다.

이전보다 주가가 올랐지만 여전히 눈여겨볼 이유가 충분하다는 것이 증권가의 중론이다. AI를 비롯해 로봇과 전기차 등 첨단 성장

사업이 커질수록 점점 더 많은 전기가 필요할 것이다. 거의 모든 산업 발전의 기본 전제인 전력 인프라가 중요한 장기 투자 트렌드가 될 수 있다는 얘기다.

15년 만에 확장 사이클

최근 미국 등에선 전력 수요가 폭발적으로 늘고 있다. 가격을 보면 확실히 알 수 있다. 미국의 2025년 전력 공급분 경매가격은 기존 메가와트시당 29달러에서 메가와트시당 270달러로 833% 급등했다.

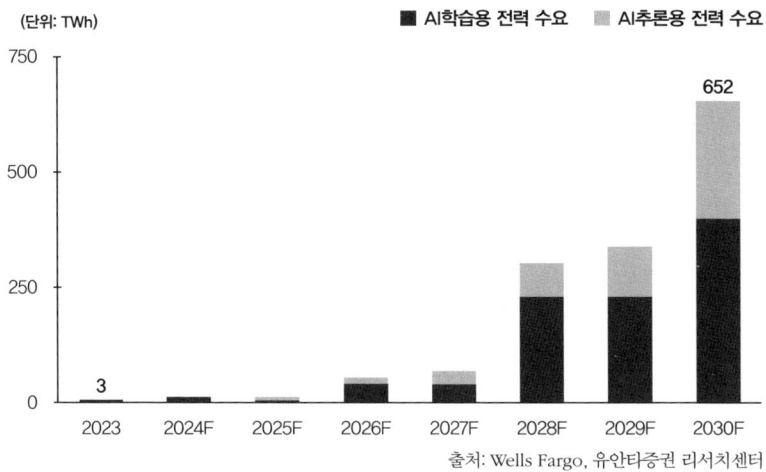

• 미국 전력 수요 2030년 652TWh (7년 안에 217배 증가)

출처: Wells Fargo, 유안타증권 리서치센터

새로 발전소를 건설해 전력망에 연결하려는 신청 용량은 기존 발전소 전체 용량의 2배 수준에 달한다. 2010년대 초반에 기술 발전으로 에너지 효율이 높아져 한동안 전력 수요가 제자리걸음을 했던 것과는 딴판인 상황이다. 전력 인프라 섹터가 약 15년 만에 확장 사이클에 들어섰다는 분석이 나오는 이유다.

이 같은 사이클이 주가를 얼마나 오래 떠받칠 수 있을지 확인하려면 전력 인프라 수요가 늘어난 원인을 먼저 따져봐야 한다. 일단 미국의 노후 인프라 교체가 급해졌다. 미국 국토안보부 산하 CISA 보고서에 따르면 미국 내 대형 변압기 대부분이 평균 40년, 배전변압기는 절반 이상이 35년 이상 사용되었다. 장비가 노후하다 보니 정전이 잦고 유지보수 비용도 늘어났다. 이에 대응하기 위해 미국 정부는 전력망 현대화 프로젝트에 수십억 달러 대규모 투자를 추진하고 있다.

메가트렌드로 떠오른 AI

노후화 장비 교체 수요가 전부라면 상당폭 오른 전력 인프라주에 투자를 고민할 이유가 딱히 없다. 하지만 다른 '메가 트렌드'가 있다. 바로 AI다. 미국의 AI 투자 규모는 다른 나라를 가볍게 압도한다. 세계에 퍼진 초대형(하이퍼스케일) 데이터센터 중 절반 이상이 미국에 있을 정도다. 도널드 트럼프 미국 대통령이 AI 산업을 적극 육성한다는 방침을 내세우고 있어, 이 산업 바탕이 되는 전력 인프라 역할도 더 주목받을 것으로 예상된다.

AI는 전력을 많이 쓴다. 생성형 AI서비스에는 검색 등의 기존 인터넷 서비스보다 10~30배 더 많은 전력이 필요한 것으로 알려졌다. 웰스파고는 생성형AI로 인한 미국 전력 수요가 2023년 3테라와트시에서 2030년에는 652테라와트시로 217배 급증할 것으로 예측하고 있다.

다른 수요도 있다. 전기차가 대표적이다. 전기차 한 대당 연간 전력 소비량은 약 4,000킬로와트시에 달한다. 평균적인 미국 가정이 쓰는 연간 전력 소비량의 30% 안팎 수준이다. 전기차가 늘어날수록 전력 수요는 더 커진다. 공장이나 물류센터 등 산업현장에서의 로봇·자동화 확산 트렌드, 기후 변화에 따른 냉방 수요 증가 등도 전력 수요를 키운다.

암호화폐 채굴에도 전력이 필요하다. 대표적인 암호화폐인 비트코인의 경우, 시간이 지날수록 채굴 난이도가 올라가 더 많은 연산이 필요하다. 시장조사업체 스태티스타에 따르면 2024년 비트코인 네트워크의 연간 전력 소비량은 약 175테라와트시에 달한다. 폴란드의 연간 전력 소비량과 비슷한 수준이다.

이렇듯 새로운 분야에서 전력 수요가 급증하고 있다 보니 전문가들은 전력 인프라 섹터의 성장이 장기화할 수 있다고 보고 있다.

• AI 서비스 1회당 전력사용량

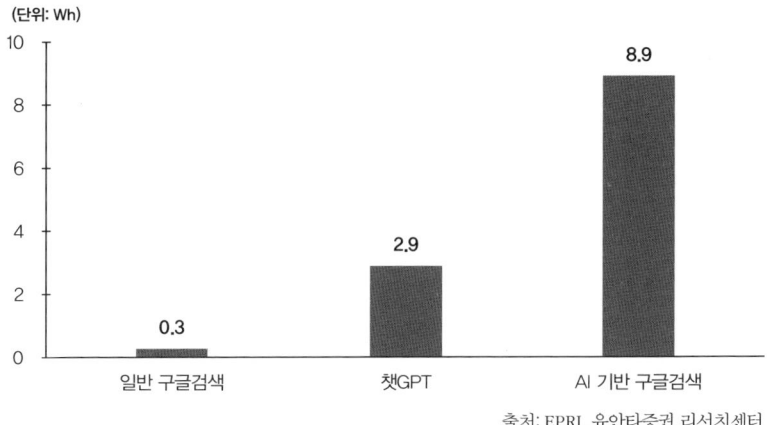

출처: EPRI, 유안타증권 리서치센터

전력 공급은 기본적으로 발전소에서 생산한 전기를 송전망과 배전망을 거쳐 데이터센터, 가정집 등 전력 소비자에게로 보내주는 구조다. 발전 기업부터 전선, 변압기, 배전반 기업 등이 이 섹터에 속한다. 주요 기업들을 살펴보자.

넥스트에라에너지(NEE)와 듀크에너지(DUK), 콘스텔레이션에너지(CEG)는 미국에서 전력을 생산·판매하는 주요 유틸리티 기업이다. 탄소가 상대적으로 적게 발생하는 발전 사업을 하고 있어 탄소중립을 추구하는 빅테크들과의 협업이 많은 것이 특징이다.

넥스트에라에너지는 미국 최대 재생에너지 디벨로퍼인 한편 미국 플로리다를 거점으로 원전에서 생산하는 전력 비중도 20%가량으로 높은 편이다. 구글과는 대규모 태양광 전력 공급 계약을 체결했다. 듀크에너지는 원전 비중이 33% 수준이다. 아마존, 구글, 마이크로소프트 등과 에너지 협업을 하고 있다. 콘스텔레이션에너지는 미국 내 전력기업 중 원자력 발전 설비를 가장 많이 보유하고 있다. 마이크로소프트와는 20년짜리 전력 공급 계약을 체결했다.

유틸리티 기업을 지원하는 전력 인프라 기업들도 눈여겨볼 만하다. 주요 유틸리티 기업들이 설비투자를 늘릴수록 이들 기업이 직접적인 수혜를 받는다.

이튼(ETN)은 대표적인 전력 배전 기업이다. 배전과 에너지 저장, 산업용 전기기기 등 여러 영역에 걸쳐 솔루션을 제공한다. IT인프라와 데이터센터가 차지하는 비중이 20% 안팎이다. 이 기업은 데이터센터, 산업용 설비, 유틸리티 등 분야에서 성장세가 이어질 것으로 자체 전망하고 있다.

콴타서비스(PWR)는 전력망을 비롯한 에너지 인프라 설계·건설·유지보수 업체다. 매출은 송배전 네트워크와 변전소 설계·구축 등 전력 인프라에서 약 46%, 재생에너지 인프라에서 약 30%, 천연가스 파이프라인 등 지하 인프라에서 24%가량이 나온다.

원전 기업도 빼놓을 수 없다. 데이터센터는 막대한 전력을 24시간 내내 안정적으로 공급받아야 한다. 하지만 태양광이나 풍력과 같은 재생에너지는 탄소 발생 부담은 적다는 장점이 있지만 발전량이 일정하지 않은 것이 큰 한계다. 이에 따라 데이터센터 투자를 크게 늘리면서도 넷제로(탄소중립)를 실현해야 하는 빅테크들이 원전으로 눈을 돌리고 있다.

뉴스케일파워(SMR)는 티커부터가 소형모듈원자로(SMR)를 뜻하는 알파벳 약자다. 미국 최대 SMR 설계기업으로, 물을 냉각재로 쓰는 것이 특징인 3.5세대 SMR에 집중하고 있다. 2025년 상반기 기준으로 아직 상업 가동중인 원자로는 없다. 2029년 가동을 목표로 루마니아 SMR 사업 등을 추진하고 있다.

GE버노바(GEV)는 전통적인 화력발전부터 원전, 신재생에너지 사업을 아우르는 '올라운더'다. GE에서 분사해 2024년에 상장했다. 화력발전의 대표 수단인 가스 발전용 터빈을 제조하는 한편 풍력 터빈, 변압기·차단기도 생산한다. SMR 사업도 추진하고 있다. 유틸리티 관련 장비 생산과 유지보수 서비스 등을 포함하는 파워 부문에서 매출의 52%가 나온다. 풍력 부문(29%), 송전에 필요한 제품·서비스 위주로 구성된 전력 부문(19%), 수력·기타 부문(10%) 등도 주요 매출을 내는 사업부다.

치매, 비만, 암, 불치병을 AI로 극복한다

미국 바이오 기업들은 AI를 활용해 새로운 성장 동력을 확보하고 있다. 글로벌 의료 AI 시장은 2034년 6,000억 달러 규모로 성장할 것으로 전망된다.

"2045년이면 인간은 죽지 않는다"

미래학자 레이 커즈와일은 20년 뒤쯤 인간의 뇌와 인공지능(AI)이 연결될 것이라고 전망했다. 의학 혁명(기술적 특이점)이 일어나 수명이 늘어나는 속도가 노화 속도를 추월하면서 인간은 사실상 영원히 살 수 있을 것이라고 주장했다. 그러니 앞으로 안 죽고 잘 버티라며 『영원히 사는 법』이라는 책도 냈다.

　허무맹랑한 주장 같지만 그의 통찰력은 정평이 나 있다. 마이크로소프트 창업자 빌 게이츠가 "레이 커즈와일은 AI의 미래를 예측하는 데 있어 내가 아는 최고의 사람"이라고 말할 정도다. 그의 상상력이 어디까지 현실화될지는 미지수지만 바이오·헬스케어 산업과 의

• 급성장하는 의료 분야 AI 시장 규모 (단위: 억 달러)

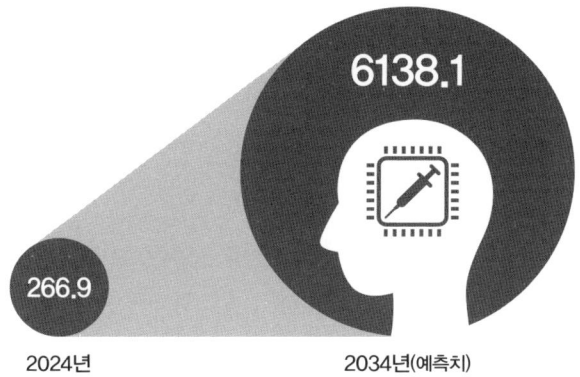

출처: 프레시던스리서치

학기술이 급속도로 발전하고 있는 것은 사실이다.

바이오·헬스케어 산업의 발전은 AI가 주도하고 있다. 시장조사업체 프레시던스리서치에 따르면 지난해 글로벌 의료 분야 AI 시장 규모는 266억 9천만 달러(약 39조 원)로 전년 192억 7천만 달러와 비교해 1년 새 38.5% 급증했다. 2034년에는 시장 규모가 23배 불어난 6,138억 1천만 달러까지 늘어날 것으로 예상된다. 이처럼 AI를 통한 성장 가능성이 높기 때문에 중장기 수익을 추구하는 투자자라면 포트폴리오에 바이오·헬스케어주를 일정 부분 편입하는 것도 좋은 전략이다. 또한 바이오·헬스케어주는 경기 방어주 성격이 있기 때문에 포트폴리오의 안정성을 높이는 데도 도움이 되며, M7 등 변동성이 높은 기술주의 헤지수단으로 꼽힌다.

일라이릴리, 비만·알츠하이머 치료제가 성장동력

일라이릴리는 세계 시가총액 1위 제약사다. 당뇨병·비만 치료제 성장세에 주가가 급등했다. 일라이릴리는 체중 감량 신약 젭바운드(성분명 티르제파타이드)로 노보노디스크의 위고비와 함께 글로벌 비만치료제 시장을 양분하고 있다. 젭바운드는 일라이릴리의 당뇨병 치료제 마운자로와 같은 성분의 비만약이다. 2023년 11월, 미국에서 정식 승인 후 판매에 들어가 선풍적인 인기를 끌고 있다. 당분간 두 회사가 비만약 시장에서 높은 시장 점유율을 가져갈 것이라는 전망이 우세하다.

한때 테슬라를 밀어내고 세계 시총 9위에 올라 M7을 위협할 주식으로 꼽히기도 했다. 다만 로슈 등이 비만 치료제 시장에 뛰어들면서 제약사 간 경쟁이 지금보다 더욱 치열해질 것이라는 전망은 주가에 부담이 되고 있다.

일라이릴리는 젭바운드 외 다양한 비만약 파이프라인을 보유하고 있다. 지난해 스타트업 베르사니스 바이오와의 계약을 통해 단일 클론 항체 비마그루맙을 포함해 초기 개발 단계인 다양한 비만약을 개발중이다.

일라이릴리는 2025년 하반기에 먹는 비만약인 오르포글리프론의 3상 시험 결과에 이어, 2026년까지 차세대 비만약 레타트루타이드 임상시험 결과를 발표할 계획이다.

- 미국 비만 치료제 시장 전망

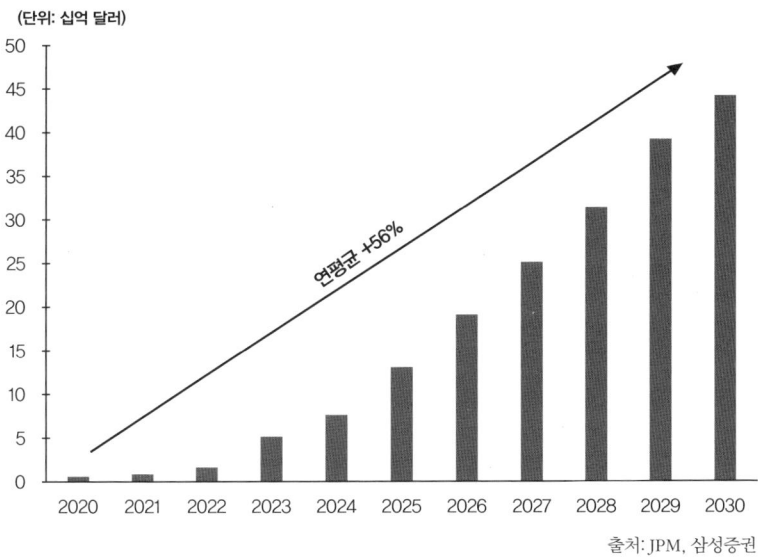

출처: JPM, 삼성증권

- 일라이릴리의 Tirezepatide 임상

적응증	연구명	주요 내용
심혈관 질환	SURPASS-CVOT	24년 10월 임상 3상 종료
심부전	SUMMIT	24년 6월 임상 3상 종료
이환율 및 사망률	SURMOUNT-MMO	27년 10월 임상 3상 종료
비알콜성 지방간염	SYNERGY-NASH	24년 2월 임상 2상 성공
폐쇄성 무호흡증	SURMOUNT-OSA	24년 4월 임상 3상 성공

출처: Eli Lilly, 삼성증권

알츠하이머병 치료 신약 도나네맙(상표명 키센라)이 지난해 7월 미국식품의약국(FDA)에서 승인을 받은 점도 주가 전망을 밝힌다.

앞서 미국·일본 기업이 공동 개발한 레켐비는 알츠하이머 진행 속도를 27% 늦추는 데 그친 반면, 도나네맙은 임상 3상에서 알츠하이머 진행 속도를 35% 늦춘 것으로 나타났다. 투약 횟수도 2주에 한 번에서 한 달에 한 번으로 대폭 줄였다. 월가에선 일라이릴리가 도나네맙을 통해 수익원을 다각화하며 매출이 최대 규모일 때 70억 달러에 이를 것으로 추정했다.

길리어드 사이언스 HIV 치료제, 시장에서 두각

길리어드 사이언스는 1992년 나스닥 시장에 상장한 미국 제약사다. 1996년 인플루엔자에 대항하는 항바이러스제인 타미플루를 개발하면서 급성장했다. 이 회사의 미래 성장동력은 HIV(에이즈)와 항암제다. 1년에 두 번 투여하는 장기 지속형 HIV PrEP(HIV 예방에 사용되는 약물인 노출 전 예방제) 후보물질인 레나카파비르의 출시가 임박하면서 시장의 기대가 커지고 있다.

차세대 주력 제품으로 꼽히는 레나카파비르는 HIV PrEP 임상시험에서 100%에 이르는 효능을 보이며 시장의 판도를 바꿀 잠재력을 입증했다. 이미 다제내성 HIV 치료제 선렌카(Sunlenca)로 판매되고 있는 이 약물은 올여름부터 미국 출시를 시작으로 연말에는 유럽 시장에도 진출할 예정이다.

HIV 치료제 시장에서의 압도적인 경쟁력과 더불어 종양학, 세포 치료, 염증 치료 분야의 성장세에 힘입어 지속적인 성장을 이어갈 것으로 예상된다. 웰스파고는 "PrEP에 대한 지속적인 시장 확장이 회사의 성장을 촉진할 것"이라며 "원발성 담즙성 담관염으로 알려진 간 질환을 치료하는 셀라델파와 같은 회사의 다른 약물 제품의 성공도 기대하고 있다"고 밝혔다.

리커전파마슈티컬스 AI신약개발 선두주자

리커전파마슈티컬스는 AI신약개발 임상의 선두주자로 꼽힌다. 2013년에 대학원생 2명과 교수 한 명이 시작한 리커전은 AI를 활용해서 직접 약물을 재창출해 신약 개발에 혁신을 일으키고 있다. 현재 직원 수는 500여 명에 달하며 엔비디아와 소프트뱅크로부터 대규모 투자도 받았다.

리커전은 AI 기반 드라이랩(컴퓨팅)과 웻랩(실험)을 결합한 통합 전략을 채택하고 있다. AI를 이용해 약물 설계를 반복하고, 실험을 통해 신속하게 가설을 검증하는 시스템이다. 리커전은 세포 이미지 분석에 특화된 AI 모델인 페놈베타도 자체 개발했다. 이 모델은 사람의 눈으로는 식별하기 어려운 미세한 세포 변화까지 감지해 약물 후보 물질 발굴 효율을 크게 높였다. 이 회사는 뇌 질환 관련 신약에 집중하고 있다. 현재 진행중인 임상시험은 총 5개다.

의료 데이터 분석업체 템퍼스AI

최근 미국에선 유전체, 임상 데이터 등 바이오 데이터를 활용해 정밀한 의료 시스템을 병원에 이식하는 작업에 속도가 붙었다. 제약사들도 적극적이다. 의료 데이터를 통해 신약 개발 속도를 대폭 높일 수 있기 때문이다. 의료 데이터를 제공하는 기술 기업의 입지가 날로 커지는 배경이다.

템퍼스AI는 세계 최대 규모 임상 및 유전체 데이터를 보유한 회사다. 방대한 의료 데이터를 AI로 분석해 제약·바이오 업체에 제공한다. 업계에서는 신약 개발 부문에서 비용과 시간을 대폭 절감할 수 있는 기술로 평가하고 있다. 2천여 개의 의료기관과 연계된 데이터 네트워크를 구축했는데 미국에서 상위 제약사의 95%(2023년 기준)가 템퍼스AI의 데이터를 활용한다.

투자 고수로 알려진 낸시 펠로시 전 미국 하원의장도 템퍼스AI를 포트폴리오에 담은 것으로 알려졌다.

우주항공에 진심인 트럼프 대통령

미국 우주항공 산업의 무게 중심은 공공에서 민간으로 빠르게 이동하고 있다. 도널드 트럼프 미국 대통령의 강력한 육성 의지가 이러한 성장을 뒷받침하고 있다.

"우주비행사들을 화성에 보내 성조기를 꽂겠다. 미국의 개척 정신은 우리 마음속에 새겨져 있다." 도널드 트럼프 미국 대통령은 2025년 1월 20일, 취임사에서 이 같이 말하며 우주항공 산업의 육성 의지를 드러냈다.

트럼프 대통령이 우주항공을 언급한 건 이번이 처음이 아니다. 이미 트럼프 1기 행정부 당시 공군과 별도로 독립된 우주군을 창설했다. 표면적으로는 러시아, 중국과의 우주 경쟁에서 주도권을 적극적으로 보호하기 위한 '냉전 시대' 안보적 조치로 보이지만, 우주 공간에서 막대한 부를 창출하고 있는 미국의 민간 위성 등을 보호하고 산업을 육성하려는 의도가 깔려 있다.

시장이 특히 주목하는 건 민간 우주 산업 육성과 규제 완화다.

• 글로벌 우주 산업 규모 측정

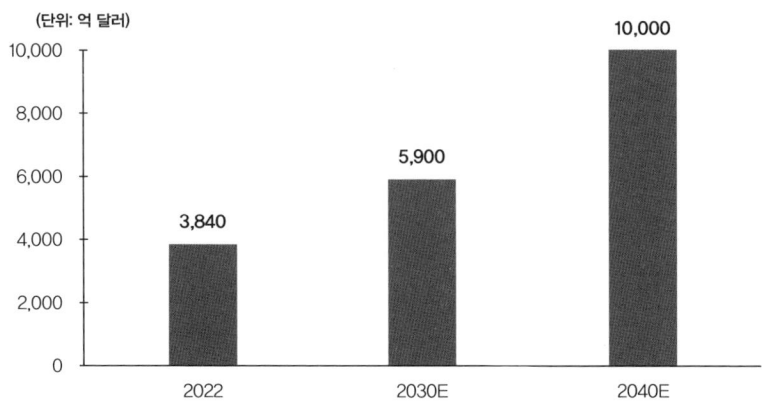

출처: Morgan Stanley, 한양증권 리서치센터

2018년, 트럼프 1기 행정부는 '우주정책명령 2호'를 통해 우주 시장의 상업화를 위한 규제 완화를 추진했다. 민간 우주 산업의 빠른 혁신과 성장을 추진하기 위해 관련 규정을 간소화하는 것이 목표다. 트럼프 2기 실세로 등극한 스페이스X의 수장인 일론 머스크가 제기한 우주 규제 완화 요구와도 같은 맥락이다.

  미국의 우주항공 전략은 공공에서 민간으로 중심축이 빠르게 이동하고 있다. 2030년대 초반까지 향후 10년 이내 달 탐사 임무는 약 230건이 예정되어 있는데 미 항공우주국(NASA)이 착륙선을 직접 개발하지 않고 블루오리진, 스페이스X, 인튜이티브 등 14개 민간기업과 계약을 체결했다.

모건스탠리에 따르면 세계 우주산업 규모는 2020년 3,850억 달러에서 2040년에는 1조 1천억 달러로 성장할 것으로 예상된다. 트럼프 2기에 본격적으로 접어들면서 우주군, 미국의 가치에 유리한 국제 환경을 형성할 달과 화성 탐사, 민간 우주 경제의 급성장 등이 본격화될 전망이다.

스페이스X의 대항마인 '로켓랩'

대중들에게 가장 잘 알려진 우주항공 기업인 스페이스X와 블루오리진은 비상장사다. 그렇다고 미국 우주항공 산업에 투자할 수 있는 방법이 아예 없는 것은 아니다. 스페이스X 대항마로 불리는 우주항공 기업인 로켓랩이 미국 나스닥시장에 상장되어 있기 때문이다. 로켓랩은 소형 발사체 시장에서 두각을 나타내고 있는 기업이다. 스페이스X와 같이 발사체를 재사용해 비용을 절감하는 방식을 통해 경쟁력을 확보해나가고 있다. 2024년 한 해 동안에만 주가가 약 360% 급등했다.

로켓랩은 주력 소형 발사체인 '일렉트론'을 부분적으로 재사용한다. 발사 후 떨어진 1단 로켓과 고가의 엔진 등을 재활용하는 것이다. 기존에는 1단 로켓만 재활용했으나 엔진까지 재사용에 성공하면서 비용이 추가적으로 절감되었다. 일렉트론은 2017년 5월 첫 발

• **글로벌 우주산업 부문별 시장 규모**　　　　　　　　　　(단위: 억 달러)

글로벌 우주산업 3,844(100%)	
위성분야	비위성분야
발사 서비스 70(2%)	정부 및 기타 1,033(27%)
위성 제조 158(4%)	
지상 장비 1,450(38%)	
위성 서비스 3,113(29%)	

출처: SIA(Satelite Industry Association), 한양증권 리서치센터

사 후 2024년 6월까지 7년 1개월 만에 50회 발사를 달성했다. 스페이스X의 팰컨9(7년 9개월)보다 8개월 빠른 기록이다.

90%대 발사 성공률로 이미 시장에서는 기술력을 인정받았다. 일렉트론의 경우 발사 성공률은 약 93% 수준으로, 스페이스X의 팰컨9(성공률 99%)에는 못 미치지만 꾸준히 기술력을 끌어올려 소형 발사체 시장을 스페이스X와 함께 양분하고 있다. 발사체는 발사에 실패할 경우 탐사선 회수가 불가능하기에 미션을 처음부터 다시 수행해야 하는 부담이 있어 미국 외 국가의 발사 성공률이 95% 수준까지 올라오기 전까지는 상업용 시장 내에 이들 미국 기업의 우위가 지속될 전망이다.

로켓랩의 목표는 단순 소형 발사체 개발에 머무르지 않는다. 이미 재활용이 가능한 중형 발사체 개발을 마쳤다. 위성 제조부터 발

사, 우주 앱, 우주선 부품 관리 등 전반적인 우주 시스템 서비스를 제공하는 종합 우주 기업으로 도약하는 것이 목표다. 미국 NASA의 화성 탐사선 '에스커페이드(ESCAPADE)' 제조를 맡으면서 미국의 화성 개척 수혜주가 될 전망이다. 다른 우주 기업들과 마찬가지로 아직 적자를 보고 있다는 것은 약점으로 지목된다. 2024년에 전년 대비 78.34% 증가한 4억 3,600만 달러의 매출을 올렸다. 하지만 순손실은 1억 9천만 달러에 달한다. 다만 매출이 매년 두 자릿수대 증가율을 보이고 있고, 경쟁업체의 진출이 쉽지 않다는 점은 장기투자의 버팀목으로 작용할 전망이다.

달 탐사 핵심기업 '인튜이티브 머신스'

'아르테미스 미션.' 2017년 미 정부와 NASA 주도로 수립된 인류의 달 착륙 및 탐사 계획이다. 고대 그리스 신화 속 태양신 아폴로의 쌍둥이 누이이자 달의 여신 아르테미스에서 이름을 착안했다. 인튜이티브 머신스는 많은 우주 분야 중에서도 달 착륙선 및 탐사에 집중하고 있다. 따라서 진행하는 모든 사업이 아르테미스 미션 관련 사업이라고 해도 과언이 아니다. 직원의 절반 이상이 NASA 출신이며, NASA와의 계약이 매출의 거의 전부다.

이 기업이 본격적으로 주목받기 시작한 건 2024년 2월, 미국 민간 기업 최초로 달 표면에 무인 탐사선 '오디세우스'를 착륙시키는 데 성공하면서부터다. 1972년 12월, 인류가 달에 마지막으로 보낸 유인 우주선인 '아폴로 17호' 이후 52년 만에 달에 착륙한 미국 탐사선이다. 동시에 민간 달 탐사라는 새로운 장을 열었다.

인튜이티브 머신스는 달 기지 건설과 광물 채취 등을 장기적인 사업목표로 제시하고 있다. 하지만 실제 수익을 내는 건 아직은 까마득한 미래로 여겨지고 있다. 2024년 매출은 2억 2,800만 달러로 전년 대비 186% 늘었지만, 순손실은 3억 4,300만 달러로 같은 기간에 3,486% 급증했다.

따라서 이 기업의 주가는 당장의 실적보다는 굵직한 달 탐사 사업의 성패에 따라 크게 움직이는 경향이 있다. 2024년 오디세우스 착륙 전후로 주가가 4배 가까이 뛰기도 했다. 앞으로의 주요 아르테미스 미션 일정을 참고해야 하는 이유이기도 하다. 2025년 유인 달 궤도선 발사, 2026년 유인 달 착륙선 발사, 2028년 달 궤도 우주정거장 '루나 게이트웨이' 건설 등이 주요 타임라인이다.

판을 뒤집을
양자컴퓨팅

양자컴퓨팅 시장은 앞으로 15년간 10배 이상 성장할 것으로 전망된다. 아이온큐, 디웨이브, 리게티컴퓨팅, 퀀텀컴퓨팅 등이 증시에서 주목받는 양자컴퓨팅 대표 관련주다.

앞으로의 '텐베거' 종목은 어느 섹터에서 나올까? 최근 수년간 AI처럼 기존엔 없었던 기술 혁신을 통해 압도적으로 효율을 개선할 수 있는 분야가 가능성이 높다. 그런 분야 중 하나로 꼽히는 것이 양자기술이다.

맥킨지에 따르면 세계 양자기술 시장은 2023년에 약 90억 달러 규모로 성장했으며, 2040년까지 최대 1,310억 달러 규모로 성장할 전망이다. 이 정도로 시장이 빠르게 커지면 자연스럽게 관련 기업들의 주가도 뛸 가능성이 크다. 투자자들이 양자기술 기업들을 눈여겨 봐야 할 이유다.

• 전세계 양자컴퓨터 시장 규모 전망 (단위: 달러)

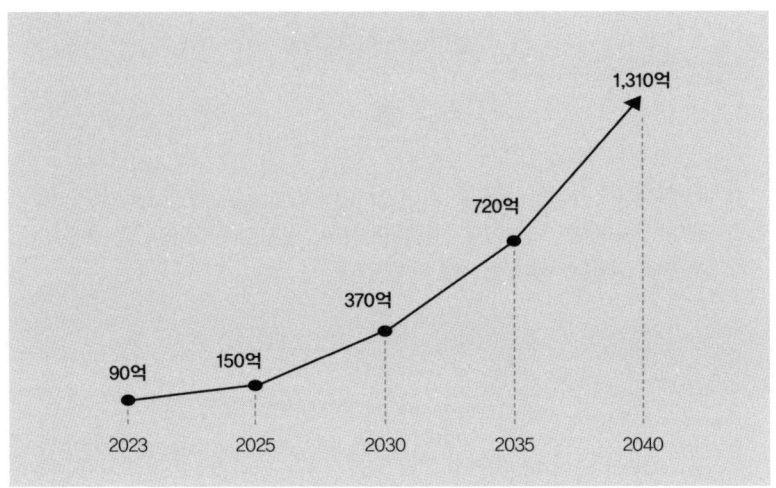

출처: 맥킨지

연산 한 번으로 여러 계산을 동시에 처리

양자기술은 양자컴퓨팅, 양자통신, 양자센싱 등으로 나뉜다. 이 중 가장 큰 비중을 차지하는 것이 양자컴퓨팅이다. 양자컴퓨팅은 양자역학 원리를 활용해 기존 컴퓨터로는 꿈도 못 꿀 속도와 효율로 계산을 수행한다. 단순히 데이터 처리 속도가 빨라지는 것이 아니라 기존 컴퓨터와 처리 방식 자체가 달라지는 것이 핵심이다.

투자자 관점에서 섹터를 간단히 이해하려면 양자역학의 기본 개

넘만 알면 된다. 양자는 세 가지 핵심 성질이 있다. 양자가 0과 1이라는 두 상태를 한 번에 가질 수 있다는 '중첩', 공간적으로는 떨어져 있더라도 서로 연결되어 정보가 공유될 수 있다는 '얽힘', 양자의 상태가 서로 겹쳐지면서 특정한 방향으로 상태가 변할 수 있는 '간섭' 등이다.

양자컴퓨터는 이들 성질을 가진 큐비트(Qubit)라는 정보단위를 기본 단위로 쓴다. 큐비트는 0과 1 값을 동시에 가질 수 있기 때문에 양자컴퓨터가 연산 한 번만으로도 여러 계산을 동시에 처리할 수 있는 구조다. 큐비트 하나는 두 개 상태(0, 1)를, 큐비트 세 개는 8개 상태(2^3)를 표현하며 이만큼을 한 번에 처리한다는 얘기다. 큐비트는 서로 얽혀 정보를 순식간에 교환하고 연동할 수 있다. 많은 큐비트를 가동할 경우에는 간섭 현상을 활용해 '정답일 가능성이 높은 상태'로 연산을 최적화할 수 있다.

감이 잘 잡히지 않는다면 이를 기성 컴퓨터와 비교해볼 수 있다. 기성 컴퓨터는 0과 1, 둘 중 한 상태로만 존재하는 비트(Bit) 단위로 정보를 처리한다. 이 비트를 바탕으로 모든 경우의 수를 따로따로 계산한 뒤 결과값을 내는 구조다. 이는 슈퍼컴퓨터라도 마찬가지다. 여러 연산을 병렬 구조로 처리해 속도를 끌어올렸지만, 이진법 계산을 순차적으로 하는 건 똑같다. 미로 찾기에 비유하면 기성 일반 컴퓨터는 한 사람이 모든 경로를 차례차례 탐색해 길을 찾아내는 구조고, 슈퍼컴퓨터는 수백 명이 각각 다른 경로를 하나씩 가보는 식이다. 반면 양자컴퓨터는 경로를 실제로 가보지 않고도 모든 경로의 가능성을 동시에 탐색한다. 이 과정에서 올바른 경로로 갈 확률을 증폭시키는 식으로 길을 찾는다.

이 같은 특징 덕분에 양자컴퓨팅은 온갖 분야에서 '최적화' 프로세스에 활용될 수 있다. 제약사의 약물 개발, 제조기업의 물류공급망 효율화, 화학기업의 신소재 개발이나 배터리 설계 등이 대표적이다. 투자에서는 포트폴리오 최적화에도 쓰일 수 있다. 금리와 물가 상황, 경제성장률, 각종 정책 등 온갖 변수를 한 번에 고려해 수익 가능성이 높은 선택지를 찾아내줄 수 있다.

아이온큐, 디웨이브, 리게티컴퓨팅 등 주목

양자컴퓨팅 분야에서 눈여겨볼 만한 기업들은 크게 두 갈래로 나뉜다. 빅테크와 양자기술 전문기업이다. 빅테크 중엔 IBM, 알파벳(구글), 마이크로소프트 등이 두드러진다. IBM은 연구자와 기업 등을 대상으로 오픈소스 양자 소프트웨어 개발 프레임워크를 제공하면서 IBM 양자 네트워크를 구축해 '양자 생태계'를 만들고 있다. 세계 각국에서 기업과 연구기관 280여 곳이 이 네트워크에 참여한다. 이들은 금융, 화학 등 각 분야에서 양자컴퓨팅을 활용한 최적화 연구 등을 벌이고 있다.

알파벳은 구글을 통해 양자컴퓨팅 연구를 선도하고 있다. 2024년 말에는 자체 개발한 차세대 양자 칩 '윌로우'를 공개하면서 국내 증시 양자 관련 주식들이 일제히 상승하기도 했다. 구글은 윌로우가 슈퍼컴퓨터로는 10자(10의 24제곱) 년 걸리는 계산을 5분 만에 처리할 수 있다고 밝혔다. 마이크로소프트는 2025년 초 첫 양자컴퓨팅 칩 '마요라나 1'을 발표했다. 마이크로소프트 클라우드 기반 양자컴퓨팅 플랫폼도 운영하고 있다.

양자컴퓨팅 전문기업으로는 뉴욕증시에 상장된 아이온큐와 디웨이브, 나스닥에 상장된 리게티컴퓨팅과 퀀텀컴퓨팅 등이 있다. 아이온큐는 이온트랩 기반 양자컴퓨터를 개발하고 있다. 전자기장으로 이온을 진공 상태에 가둬 큐비트로 활용하는 것이 특징이다. 극저온 상태에서만 안정적으로 구동하는 구글이나 IBM의 초전도 방식과 달리, 이온트랩 방식의 양자컴퓨터는 상온에서도 작동한다. 양자 게이트 연산 오류율도 상대적으로 낮다.

이를 바탕으로 현재로서는 아이온큐가 정밀도가 가장 높은 양자컴퓨터 기업으로 꼽힌다. 다만 이온트랩 방식은 연산 속도가 초전도 방식에 비해 느리다.

리게티컴퓨팅은 초전도 큐비트 기반 양자컴퓨팅 기업으로, IBM 출신 채드 리게티가 설립했다. 양자처리장치(QPU) 설계·제조도 하고, 구독형 양자컴퓨팅 서비스도 제공하는 풀스택 기업을 표방한다. 클라우드를 기반으로 한 양자컴퓨팅 플랫폼 포레스트를 운영한다.

아마존, 마이크로소프트와는 각각 파트너십을 맺고 두 기업의 클라우드를 통해 기업 고객들에게 자사 양자컴퓨팅 서비스를 제공하고 있다.

　디웨이브퀀텀은 최적화 문제 해결에 특화되어 있어 가장 실용적인 양자컴퓨터 기업으로 꼽힌다. '최적의 해'로 수렴하는 조합을 찾아주는 양자 어닐링을 채택한 것이 특징이다. 범용 양자컴퓨팅 위주인 다른 기업들은 정부나 연구기관 고객이 많은 반면 디웨이브퀀텀의 고객사는 물류업체나 금융업체, 우주항공업체 등 각 산업분야에 뻗어 있다. 물류 최적화, 공급망 관리 등 실질적인 응용사례를 확보하고 있다.

• **치열해진 글로벌 양자기술 특허 경쟁** (단위: 특허 수)

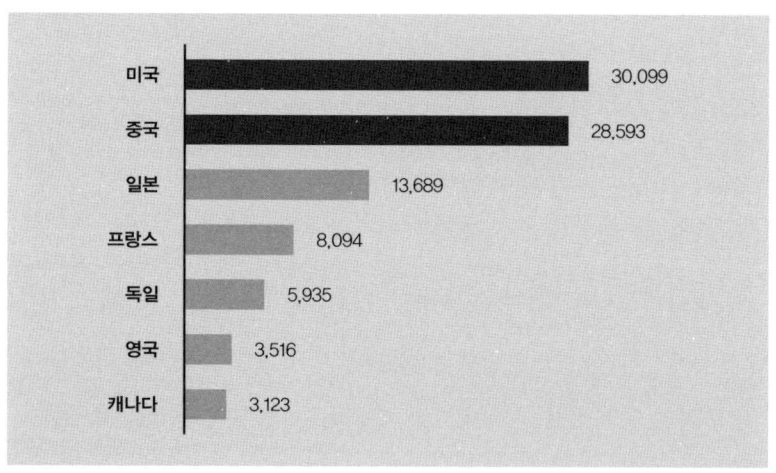

주: 2020~2023년 기준　　　　　　　　　　　　　　　출처: 맥킨지

퀀텀컴퓨팅은 광학을 기반으로 상온에서 가동할 수 있는 저전력 양자컴퓨터를 개발하고 있다. 양자 기술을 기반으로 난수를 만들어 주는 양자난수생성기(QRNG), 양자 인증 등 양자보안 쪽으로도 사업을 추진하고 있다.

양자컴퓨팅 분야는 아직 초기 단계다. 투자를 결정할 땐 양자컴퓨팅이 단기간 내에 상용화될 가능성이 극히 낮다는 점을 반드시 고려해야 한다.

현재의 기술로 양자컴퓨터를 안정적으로 구동하려면 극저온 환경이나 진공상태, 강력한 자기장 등이 필수다. 자연히 연구개발비가 많이 들 수밖에 없다. 여기에다 조금만 환경이 변해도 양자가 민감하게 반응해 오류가 나기 쉽다. 이러한 이유로 기술이 한동안 연구실 문턱을 넘기 힘들 것으로 평가된다. 양자컴퓨팅이 '만능 마법 지팡이'도 아니다. 기업이 해결하려는 문제의 성격이나 데이터의 양 등에 따라서는 기성 컴퓨터를 쓰는 것이 더 효율적인 경우도 많다.

이 같은 특징으로 인해 대부분의 양자컴퓨팅 기업들은 한동안 연구개발비를 대규모로 지출하고, 이후 상용화를 통해 수익구조를 개선하는 것을 목표로 사업을 추진하고 있다. 이에 따라 한동안 주가 변동성이 높을 수 있다는 점은 유의해야 한다.

버핏이 반한
전통의 강자들

성장주 전성기에도 '오마하의 현인' 워런 버핏의 가치투자 전략은 흔들리지 않았다. 금융위기 등 큰 위기가 시장에 닥칠 때마다 그의 투자 철학은 오히려 더 큰 빛을 발했다.

"결국 버핏이 옳았다." 버크셔해서웨이 전 회장 워런 버핏은 시장이 과열되는 상황을 귀신같이 짚어내기로 유명하다. 증시가 활황일 때 사람들의 비웃음 속에서도 주식을 현금화했고, 그가 주식을 팔고 시간이 얼마 흐른 뒤에는 어김없이 폭락장이 펼쳐지곤 했다.

물론 그는 미래를 내다보는 신이 아니기 때문에 정확한 타이밍을 맞추지는 못했다. 하지만 돌아보면 그때마다 증시의 밸류에이션(주가 대비 실적 수준)이 지나치게 높아져 있던 상황이었고, 워런 버핏은 항상 제1원칙인 '잃지 않는 투자'를 실현하기 위해 보수적으로 포트폴리오를 짰던 것이다. 만약 50%의 손실을 냈다면 원금은 절반으로 줄어든다. 이를 회복하기 위해서는 100%의 수익률을 내야 한다. 손실을 최소화하는 투자가 무엇보다 중요한 이유다.

버핏이 코카콜라를 마시는 이유

워런 버핏이 선호한 주식은 방어적 성격을 가지면서 배당성향이 높고 오랜 기간 우상향하는 종목이다. 코카콜라가 대표적이다. 경기가 좋든 나쁘든, 부자나 빈곤층이나 콜라를 마신다. AI 종목처럼 주가가 단기간에 크게 오르지는 않지만 꾸준히 기업의 이익이 발생하며 주가 변동성이 작다는 의미다. 코카콜라는 60년 이상 배당금을 늘렸다. 배당수익률은 3% 안팎이다. 만약 당신이 변동성이 크지 않고 주가가 우상향하면서 높은 배당금을 주는 종목을 원한다면 코카콜라가 최적의 투자처인 셈이다.

이처럼 경기에 상관없이 안정적인 필수소비재 종목 중 최근 주목받는 것은 도미노피자다. 워런 버핏은 2024년 3분기 도미노피자를 포트폴리오에 새로 편입한 이후 4분기에는 비중을 더 늘렸다. 투자 컨셉은 코카콜라와 비슷하다. 경기에 크게 영향을 받지 않고 꾸준히 이익을 내는 가운데 배당금을 꾸준히 늘린 기업이다. 도미노피자는 불황 속에서도 강했다. 2008년 글로벌 금융위기 직후인 2009년에는 전 세계에 450개의 매장을 새로 열었다. 코로나19 사태로 세계 경제가 휘청이던 2020년에도 도미노피자의 연간 글로벌 매출은 오히려 12.5% 증가했다.

도미노피자는 단순 피자가게가 아닌 정보기술(IT) 기업이기도 하다. 자체 앱 주문, 자율주행 및 드론 피자 배달, 공정 효율화 등으로

• 미국 배당왕 종목

종목	배당성향	배당 증액 기간
알트리아	73.7%	56년
킴벌리클라크	65.96%	54년
펩시코	64.5%	53년
코카콜라	63.8%	64년
P&G	60.3%	70년
존슨앤존슨	46.8%	64년
월마트	32%	53년

IT 기술을 적극 도입해 외식업 분야에서 가장 앞서나가고 있다는 평가를 받는다.

아메리칸 익스프레스와 프록터앤드갬블(P&G), JP모건체이스 등도 전통의 가치주로 통한다. 높은 배당성향, 시장 지배력, 견고한 이익 성장세라는 삼박자를 갖췄다. 아메리칸 익스프레스는 아멕스(Amex)로 불리는 신용카드 업체다. 카드업 특성상 안정적으로 실적을 내면서도 젊은 고객층이 늘어나는 추세를 보이고 있다는 점이 투자 포인트다.

P&G는 전통의 배당귀족주다. 60년 넘게 배당을 늘렸다. 섬유유연제로 유명한 다우니, 탈취제 페브리즈, 질레트 면도기, 칫솔 오랄비 등이 있다. 180개국에서 제품을 판매하고 35개국에 130개 제조

공장을 두고 있다. 명실상부한 세계 최대 생활용품 업체다. JP모건 체이스는 '월가의 황제'이자 트럼프 대통령이 재무장관 후보로 언급한 바 있는 제이미 다이먼이 CEO로서 회사를 이끌고 있다. 2024년 연간 순이익은 585억 달러로, 미국 역사상 처음으로 연간 순이익 500억 달러를 넘겼다.

트럼프 시대에 날아오를 '액체 금'

전통의 가치주에서 도널드 트럼프 시대에 성장 모멘텀까지 갖추게 된 종목들이 있다. 바로 화석연료 관련주다. 트럼프 대통령은 선거 기간부터 당선 후에도 줄곧 '드릴, 베이비, 드릴(Drill, baby, drill)'을 외치며 미국 원유 증산을 주장했다. 그는 석유를 '액체 금'이라고 부르며 화석연료가 핵심 에너지원이 되는 포문을 열었다. 안정적인 실적을 내면서 높은 수준의 배당금을 지급하던 화석연료주에 성장 모멘텀이 붙은 것이다.

특히 월가에서 주목하는 것은 천연가스 관련주다. 트럼프 행정부는 임기 시작부터 천연가스를 핵심 에너지원으로 점찍었다. 인공지능(AI) 시대를 맞아 데이터센터를 돌리기 위한 전력 수요가 늘어나면서 미국 전력난은 더욱 심각해지고 있다. 높은 에너지 가격이 물가도 끌어올리면서 경제성장의 발목을 잡고 있다. 이는 트럼프 대통령이 대선 기간에 전기요금을 비롯해 에너지 비용을 절반 이상 낮춰 미국을 세계에서 전기 가격이 가장 저렴한 나라로 만들겠다고 공언한 배경이기도 하다.

이런 상황에서 천연가스는 비교적 저렴하고 쉽게 생산량을 늘릴 수 있어 트럼프 2기 행정부의 핵심 에너지원으로 떠올랐다. 천연가스는 원자력발전과 신재생에너지보다 경쟁력 있는 에너지원으로 각광받고 있다. 원자력발전소는 건설에 8~9년이 걸린다. 차세대 원전인 소형모듈원전(SMR) 상업용도 2030년 초반에나 가동할 수 있다는 관측이 지배적이다. 따라서 당장 늘어난 전력 수요를 충당하기 위해서는 가스발전 수요가 증가할 수밖에 없다는 것이다.

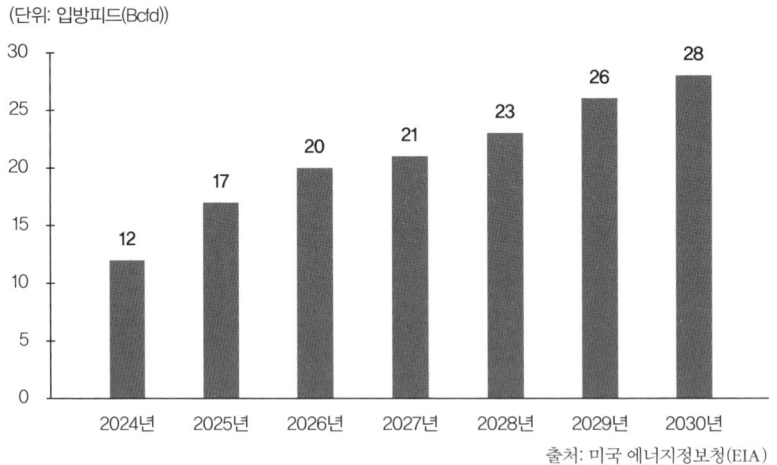

• 미국 LNG 수출량 전망

출처: 미국 에너지정보청(EIA)

전 세계를 대상으로 관세전쟁을 걸면서 미국의 이익을 극대화하고 있는 트럼프 대통령이 협상 카드로 내민 것도 액화천연가스(LNG)다. 유럽, 한국, 일본 등 각국에 무역 불균형을 지적하면서 미국 LNG를 더 많이 수입하라고 압박하고 있다. 이런 관점에서 LNG는 트럼프 대통령이 직접 영업사원이 되어 영업을 뛰고 있는 미국의 핵심 상품인 것이다.

천연가스 업체는 크게 업스트림(탐사·개발)과 미드스트림(정제·액화), 다운스트림(가공·전달)으로 나뉜다. 증권가에서는 미드스트림 업체에 주목하고 있다. 미드스트림은 가격 민감도가 상대적으로 낮다. 물량이 이익에 핵심 요인으로 작용하기 때문에 천연가스 가격이 급락하더라도 꾸준히 많은 천연가스 생산이 이뤄진다면 이익 성장세가 뚜렷할 수 있다.

미국산 천연가스 수요 극대화로 북미 LNG 수출터미널 용량이 2028년까지 4년 만에 2배로 늘어날 전망이다. 천연가스를 채굴·생산하는 업스트림 업체로는 엑슨 모빌, 셰브론, 코노코필립스, EQT 등이 있다. 미드스트림 업체는 에너지 트랜스퍼, 킨더 모건, 원오크가 있으며, 다운스트림 업체로는 셰니어에너지, 셈프라에너지 등이다. 발전 기업인 넥스트에라 에너지, 듀크에너지, 서던 등이 주목받고 있다.

차세대 금융 인프라로 부상한 스테이블코인

스테이블코인 시장은 미국 정부의 적극적인 지원을 업고 빠르게 성장하고 있다. 서클, 코인베이스, 로빈후드 등 관련 종목을 눈여겨볼 필요가 있다.

디지털자산 시장이 나날이 커지면서 증시엔 새로운 키워드가 부상했다. 스테이블코인이다. 스테이블코인은 2025년 상반기 글로벌 주식 시장의 주인공으로 떠올랐다.

미국 스테이블코인 기업인 서클인터넷그룹(서클)은 2021년 코인베이스 이후 가상자산 업계에서 최대 규모의 기업공개(IPO)를 해 화제를 모았다. 미국과 한국을 비롯한 주요국 여럿도 스테이블코인 제도화와 시장 확대를 논의하고 있다.

스테이블코인은 일정한 자산 가치에 연동해 가격안정성을 유지하도록 설계한 디지털자산이다. 비트코인을 비롯한 기성 암호화폐의 단점인 높은 가격변동성을 보완했다. 블록체인 기술을 기반으로 해 보안성이 높고 탈중앙화되어 있지만, 가격변동성이 상대적으로 낮아 일상적인 결제·송금 수단으로도 사용할 수 있게 한다는 취지다.

가치를 일정하게 유지하는 방법은 스테이블코인 종류마다 다르다. 통상 달러화, 유로화 등 법정화폐나 금을 비롯한 실물자산에 가치를 연동(페깅)한다. 연동한 자산 또한 값이 변하기 때문에 가치가 절대적으로 고정된 것은 아니지만, 투자 수요 등에 따라 가격이 널뛰기하는 기성 암호화폐보다는 변동성이 훨씬 낮다. 이러한 장점으로 인해 비트코인, 이더리움 등에 비해 시가총액이 작지만 거래 규모는 이미 압도적이다. 2025년 상반기 기준, 스테이블코인은 암호화폐 전체 거래의 3분의 2가량을 차지하고 있다.

2028년엔 시장 규모가 2조 달러에 이를 것

스테이블코인 시장은 급성장할 전망이다. 미국 재무부에게 자문을 제공하는 민간 전문가 그룹 미국 재무부 차입자문위원회(TBAC)는 2028년 스테이블코인 시가총액이 2조 달러에 육박할 것으로 전망했다. 2025년 7월 2,530억 달러에서 8배가량으로 불어나는 셈이다.

이 같은 전망엔 크게 두 가지 이유가 있다. 일단 사용자 입장에서는 기존 외환 송금·결제 시스템 대비 장점이 크다. 세계 각국 은행끼리 네트워크를 엮은 기존 SWIFT 결제 방식은 각국의 시차와 은행 간 거래확인 절차 등의 이유 때문에 외환 거래에 3~5일이 걸린다.

• 스테이블코인 시장 규모 전망

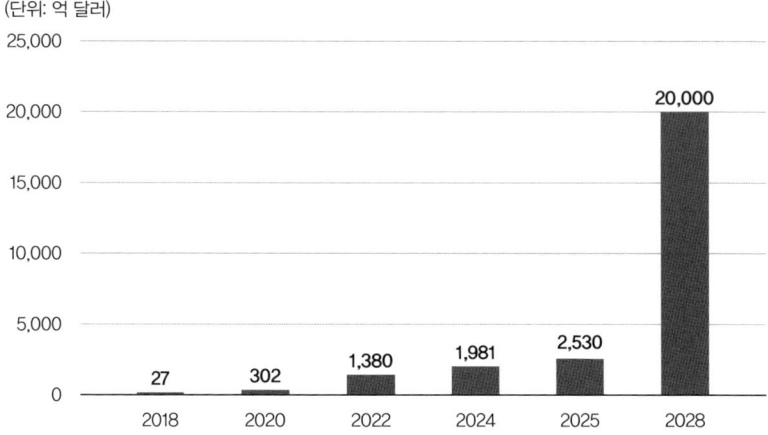

주: 2028년 전망치는 미국 재무부 TBAC 예상

수수료는 6% 내외다. 하지만 스테이블코인은 24시간, 주 7일 글로벌 거래를 할 수 있다. 수수료는 0%대다. 은행 계좌가 없더라도 스마트폰 지갑만으로 스테이블코인을 송수신할 수도 있다. 스테이블코인 월별 송금 규모가 지난 4년간 약 10배 증가해 1조 달러를 넘어선 것도 이 덕분이다.

미국 의회와 정부도 최근 자국 스테이블코인 시장을 적극 밀어주고 있다. 2025년 7월엔 스테이블코인의 법적 지위를 규정하고 스테이블코인 기업에 준비금을 의무화하는 등 규제를 마련해 제도권으로 편입하는 지니어스법안을 통과시켰다. 도널드 트럼프 대통령도 스테이블코인 시장을 지지하는 발언을 여럿 내놨다.

• 서클 비즈니스 모델

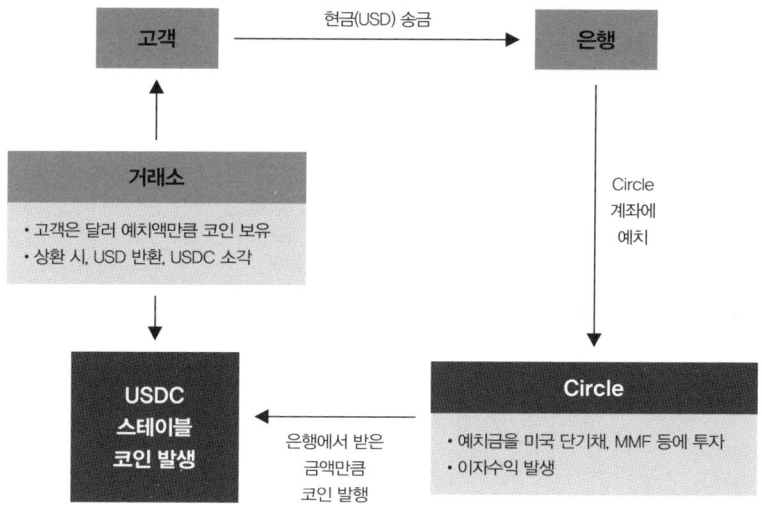

　미국이 스테이블코인 시장을 밀어주는 이유는 현재로선 미국 정부와 스테이블코인 산업계의 이해가 딱 맞아떨어지기 때문이다. 스테이블코인 발행 기업은 코인 담보자산으로 변동성이 크지 않고 유동성은 높은 자산을 택한다. 단기 국채와 현금이 대표적이다. 매년 재정적자를 메우기 위해 국채를 찍어내는 미국 정부로선 반가운 얘기다. 달러 기반 스테이블코인 시장이 커질수록 미국의 달러화 패권도 더 공고해진다. 미국 기업에 한해서는 신시장에 으레 따르는 정부의 규제·견제 가능성이 상대적으로 낮을 것이란 전망이 나오는 이유다.

시장 확대 가능성을 봤다면 이젠 스테이블코인 밸류체인과 각 기업이 어떻게 돈을 버는지 따져봐야 한다. 스테이블코인 시장은 발행, 사용, 정산, 수익 활용, 리스크 관리까지 여러 기업들이 엮인 복합적인 구조로 되어 있는 것이 특징이다.

변동성이 큰 스테이블코인 관련주

스테이블코인 발행사 중 가장 큰 상장사는 서클이다. 이 기업이 발행하는 달러 기반 스테이블코인 USDC는 시가총액 기준으로 세계 2위 스테이블코인이다. 2025년 상반기 기준, 약 600억 달러어치가 유통되고 있다. 서클은 유로화 기반인 EURC, 토큰화 머니마켓펀드(MMF) 코인 USYC 등도 운영하고 있다. 서클은 자체 결제 네트워크 CPN을 통해 이들 코인에 대한 글로벌 실시간 결제·송금을 지원한다. 은행과도 파트너를 맺어 결제 인프라를 제공하고 있다.

대표 상품인 USDC를 기준으로 서클이 돈을 버는 구조를 보면 이렇다. 투자자가 달러화를 맡기면 서클이 이를 받아 1:1 스테이블코인을 발행해 투자자에게 준다. 투자자에게 받은 달러화 예치금은 서클이 미국 단기채와 MMF 등에 투자해 이자 수익을 낸다. 투자자가 스테이블코인을 송금·결제에 활용할 때 인프라 사용 수수료, 송금 수수료 등도 받는다. 시장이 커질수록 수수료 수입이 커지는 구조다. 초기 단계인 현재까지는 이 기업의 수익 대부분이 이자에서 나온다. 2024년 연간 매출 16억 8천만 달러 중 99.1%가 예치금 이자 수익이었다.

세계 최대 가상자산 거래소인 코인베이스도 스테이블코인 관련 기업이다. 코인베이스 거래소 안에서 스테이블코인을 다른 암호화폐로 바꾸는 등의 매매를 할 수 있는 것이 장점이다. 코인베이스는 대규모 스테이블코인 결제 지원 시스템도 갖추고 있다. 투자자가 코인베이스 지갑을 통해 USDC 결제·송금·스테이킹 서비스를 이용할 때 수수료 수익이 발생한다.

코인베이스는 서클과 제휴해 스테이블코인 준비금 이자 수익의 일부도 공유하고 있다. 서클이 벌어들인 이자수익을 파트너인 코인베이스에 수수료 형태로 분배하는 구조다. 코인베이스는 개인·기관 투자가를 바탕으로 스테이블코인 시장에서도 자취를 확대하는 것이 목표다.

서학개미들에게 익숙할 로빈후드 마켓츠(로빈후드)도 스테이블코인 생태계와 긴밀히 연결되어 있다. 증권거래 모바일 앱 기반으로 성장해온 만큼 가상자산 거래 사업도 전략적으로 키우고 있다. 자체 암호화폐 지갑인 로빈후드 월렛을 통해 USDC를 비롯해 비트코인, 이더리움 등의 매매·보관 기능을 지원한다.

USDC의 경우엔 두 가지 방식으로 거래 수수료를 받고 있다. 투자자가 로빈후드와 제휴한 마켓메이커와 거래할 때는 투자자에겐 수수료를 받지 않고, 호가를 제시한 마켓메이커로부터 리베이트를 받는다. 투자자가 실시간 호가 방식으로 USDC를 거래할 땐 투자자에게 0.83% 수준의 수수료를 받는다.

핀테크 기업 페이팔도 빼놓을 수 없다. 이 기업은 2023년 8월부터 자체 스테이블코인 PYUSD를 운영하고 있다. 미국 달러 예치금과 미국 단기채 등으로 담보자산을 잡고, 미국 달러와 1:1로 환매할 수 있는 코인이다.

페이팔은 넓은 플랫폼 이용처를 겨냥해 자사 스테이블코인을 결제 시스템 전반에 통합해놓은 상태다. 페이팔, 벤모 등 플랫폼에서 PYUSD를 구매·보유·송금할 수 있다. 투자자는 일부 온라인 쇼핑몰과 POS 단말기에 연동한 DApp을 통해 PYUSD를 결제 수단으로 사용할 수도 있다. 페이팔은 가맹점에서 PYUSD로 결제 거래를 정산하도록 하는 등 활용 범위를 확대하려 하고 있다.

스테이블코인 기업에 투자할 때 고려해야 할 점도 있다. 우선 초기 시장인 만큼 규제 이슈에 민감하다. 아직 광범위한 결제 수단으로 인정받지 못한 만큼 실제로 소비자들이 널리 쓸지도 관건이다. 시장 선점 경쟁 과정에서 마케팅 등 비용이 크게 들어갈 수도 있다. 이 같은 이유로 한동안 변동성이 크게 나타날 수 있다는 점에 유의해야 한다.

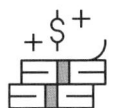

미국주식에 투자할 때는 단순히 종목만 고르는 것으로 끝나지 않는다. 세금, 환율, 거래 비용 같은 현실적인 요소들이 수익률에 직접적인 영향을 미친다. 또한 ETF 활용법이나 투자 타이밍 전략을 이해하면 위험을 줄이고 기회를 넓힐 수 있다. 기본기를 소홀히 하면 좋은 종목을 골라도 성과를 지키기 어렵다. 4장에서는 미국주식 투자자가 반드시 알아야 할 실무적 핵심 사항들을 정리해본다.

PART 4

미국주식에 투자할 때 꼭 알아야 할 것들

너무 비싸 못 사겠다?
M7 기업 분석법

엔비디아와 마이크로소프트 같은 빅테크 기업들은 밸류에이션이 높다. '내가 들어가는 시기가 꼭지 아닐까' 하는 걱정에 매수가 망설여진다. 그렇다면 이런 주식은 어떤 기준으로 접근해야 할까?

미국주식 투자에 첫 발을 내디뎠지만 빅테크에 투자하기 망설이는 사람들이 하는 우려는 크게 두 가지다. 빅테크가 좋은 기업인 것은 알겠지만 주가가 너무 올라 비싸다는 것, 주가에 거품이 끼어 있는 것은 아닌지 걱정된다는 것이다. 이는 증권가에서도 많은 의견이 오갈 만큼 주요한 논쟁거리다. 하지만 대체로 의견이 모아지는 지점이 있다. 2000년대 초반의 닷컴버블과는 양상이 매우 다르다는 점이다.

장기투자와 기업에 대한 확신은 꼼꼼한 분석과 꾸준한 공부에서 나온다. 장기 우상향하는 주식이라도 확신이 없으면 주가가 출렁거릴 때 두려움에 매도 버튼을 누르기 쉽기 때문이다. 현재의 AI 열풍과 빅테크 분석 방법에 대해 알아보자.

같은 듯 다른 시스코와 엔비디아

닷컴버블의 주인공인 시스코의 주가는 1995년 1월, 2달러에 불과했으나 2000년 3월에는 최고점인 80달러까지 약 40배 폭등했다. 닷컴버블이 꺼진 뒤 2002년 10월 주가는 8.06달러까지 빠졌다. 엔비디아 주가는 2021년부터 2024년까지 약 11배 상승했다. 주가만 놓고 보면 엔비디아 등을 중심으로 한 인공지능(AI) 상승장이 닷컴버블 당시와 유사한 측면이 있다.

당시 시스코는 높아진 주가만큼 이익을 내지 못했고, 엔비디아는 시장 기대만큼 돈을 잘 벌고 있다는 점이 다르다. 시스코는 2000년 당시 주가수익비율(PER)이 약 205배까지 치솟았다. 반면 엔비디아

• 주가 상승 속도 측면에서 비교되는 시스코와 엔비디아

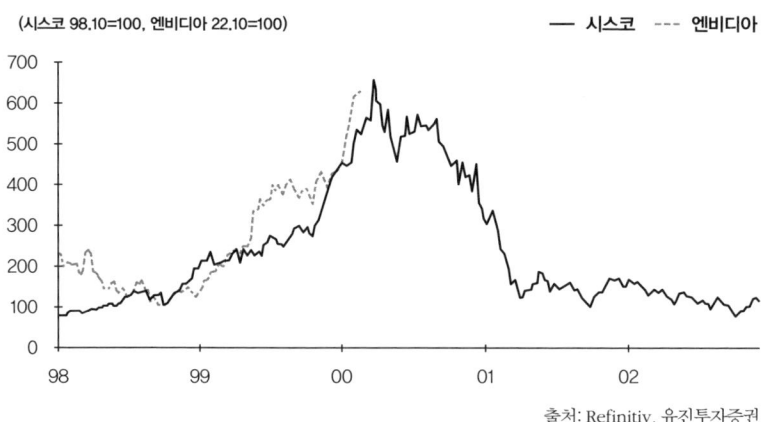

출처: Refinitiv, 유진투자증권

는 2024년 말 기준 PER이 약 50배로 상대적으로 안정적인 수익성을 보여주고 있다. PER은 주가를 주당순이익(EPS)으로 나눈 수치로, 이 수치가 높을수록 기업의 이익 수준에 비해 주식 가격이 높다는 것을 의미한다.

물론 시스코는 현재도 네트워크 장비 분야 1위 기업이고 당시에도 매출이 연간 50%대까지 증가하며 성장세를 지속하고 있었다. 하지만 문제는 당시 저금리 시대에 풀린 유동성이 지나치게 집중되면서 주가에 거품이 꼈고, 미국 기준금리가 인상되자 유동성이 거둬들여지면서 닷컴버블로 이어진 것이다. 엔비디아는 2024년 금리 인상기에도 주가가 상승했기 때문에 거시경제 환경도 다르다. 엔비디아의 경우, 2024년 매출과 순이익이 전년 대비 각각 126%, 581% 급증하는 등, 실적 증가 속도를 감안할 때 주가 상승 속도가 당시만큼 과하지 않다는 것이 전문가들의 의견이다.

PER 등 기존 지표, 기술주는 다르게 봐야

그럼에도 전통적인 가치투자자라면 의문을 가질 것이다. 투자란 저평가된 좋은 주식을 저렴하게 사서 비싸게 파는 것이 통념이기 때문이다. 이런 기준이라면 PER이 한 자릿수에 그치는 현대차가 테슬라, 구글보다 더 매력적이다. 하지만 기술주는 미래 성장을 보고 투자하는 종목이다. 지금 당장 배당금을 많이 주거나 저평가된 것도 좋지만 단순 PER 등의 기존 지표와는 다른 잣대로 평가할 필요가 있다.

기술주를 평가할 때 가장 중요한 지표 중 하나는 매출 성장률이다. 지금 당장 수익이 나지 않더라도 높은 매출 성장률을 몇 년간 기록한다면 훌륭한 투자처가 될 수 있다. AI는 막대한 자본투자가 필요하다. 지금은 적자를 기록해도 꾸준히 투자를 늘리고 시장을 선점해야 미래의 어마어마한 부를 거머쥘 수 있다. 매출은 기술 혁신, 시장 점유율, 경영 효율성 등이 모두 반영된 결과로 볼 수 있다.

이익 성장세 지표도 있다. 바로 주가수익성장비율(PEG)이다. PEG는 PER을 주당순이익(EPS) 전망치로 나눈 값이다. 현재 주가의 저평가 여부보다 향후 성장성을 감안했을 때 이 주식이 얼마나 저평가되어 있는지를 보여주는 수치다. PEG가 낮을수록 저평가된 주식으로 분류된다. 만약 빅테크의 PEG가 평균보다 내려간 시점이라면 저가 매수 시점이라고 판단해볼 수 있는 셈이다.

AI와 함께 자율주행, 메타버스 등 시장을 주도하는 트렌드는 바뀌겠지만 미래 시장은 결국 기술이 지배할 것이다. 그리고 기술 기업이 트렌드를 잘 포착해 따라가려는 노력을 하는지 잘 살펴봐야 한다. 전문가들은 결국 지금의 M7 빅테크 기업들이 추후에도 기술 패권을 거머쥘 것이라고 전망한다. 앞서 설명했듯이 AI에는 엄청난 규모의 투자가 필요하고 그만한 자본을 조달할 만한 기업으로는 빅테크가 가장 앞서 있기 때문이다. 승자독식 구조와 철옹성처럼 쌓아올린 브랜드 가치는 경제적 해자(기업의 경쟁 우위)로 작용할 것이다.

미래 성장성이 높고 펀더멘털(기업 기초체력)이 아무리 좋은 기업이라도 코로나19 사태나 글로벌 금융위기 등과 같은 외부 변수에 의한 매도세는 피할 수 없다. 그리고 이 같은 변수는 예측하기도 쉽지 않다.

애플의 최고점 대비 주가하락률(MDD)을 조사해보면 2008년 초 이후 주가가 최고점 대비 30% 이상 하락한 경우가 여섯 번이나 있었다. 2009년 글로벌 금융위기 당시에는 MDD가 60%에 달했다. 유로존 경기 침체와 애플 창업자 스티브 잡스의 타계가 겹친 2013~2014년에는 43%, 2016년 아이폰 판매량 감소 당시에는 30.4%였다. 이런 변동성을 견뎌야만 애플의 장기 성장에 따른 이익을 공유할 수 있었던 것이다. 미래 기술발전과 주식시장의 우상향에 대한 믿음이 있는 투자자라면 기업에 대한 분석 후 장기적인 투자를 했을 때 큰 수익률을 얻을 수 있을 것이다.

'AI로 돈을 벌고 있는가'에 주목

최근 월가에서는 AI 시대 기술주 중에서도 옥석을 가리기 위한 지표로 '투자수익률(ROI·Return on Investment)' 대신 'AI 투자수익률(ROAI·Return on AI Investment)'에 관심을 갖고 있다. 구글, 마이크로소프트 등 빅테크는 2024년에만 2,300억 달러에 달하는 AI 투자를 집행했다. AI에 대한 기대감만으로는 언제까지 주가를 올릴 수는 없다. 점점 더 시장은 검증을 요구할 것이고 이런 가운데 실제 AI 서비스로 수익을 내는 기업은 주가가 치솟을 수 있다.

구체적으로, AI로 얻은 매출과 이익은 별도로 공시되지는 않는다. 다만 AI 수익성에 대한 시장의 압박에 개별 기업이 자체적으로 실적발표에서 AI 관련 실적을 발표하는 추세다. 마이크로소프트는 2024년 3분기 실적발표에서 올해 AI로 얻은 매출이 100억 달러에 이른다고 밝혔으나, 주가는 오히려 하락하는 등 시장 반응은 좋지 못했다. 이에 대해 AI로 얻은 매출의 근거가 모호한 데다 서둘러 AI 수익성을 강조하려는 모습이 도리어 불안감을 키웠다는 평가도 나왔다.

미국주식에 투자하려면
이것만큼은 꼭 체크하기

미국주식에 투자하고 있다면 중앙은행인 연방준비제도(Fed)의 움직임을 각별히 주시해야 한다. 미국의 금리 지표는 시장을 흔드는 가장 중요한 변수이기 때문이다.

주식시장은 살아 있는 생물과 같다. 정부 정책 발표, 대규모 수주, 인수합병(M&A) 등 뉴스가 나올 때마다 주가는 요동친다. 개인투자자가 개별 뉴스에 따라 사고팔며 완벽한 타이밍을 맞추는 것은 불가능에 가깝다. 수많은 투자 대가들이 미국 증시가 우상향한 만큼 시장에서 떠나지 않고 장기 투자를 유지하라고 강조한 이유다.

그럼에도 꼭 확인해야 할 뉴스가 있다. 미국 경제와 전 세계 경제의 방향성을 좌지우지하는 미국 중앙은행인 연방준비제도(Fed)의 움직임이다. Fed는 시장에 얼마만큼의 돈(유동성)을 풀지 결정한다. 금리를 낮춰 유동성을 늘리면 기업들은 부채에 대한 이자 부담이 줄어들고, 시중에 풀린 돈이 주식 시장에 들어가기 때문에 일반적으로 증시는 상승한다. 반대로 금리를 올리면 유동성이 줄어들어 증시에는 대체로 악재로 작용한다.

Fed는 연방공개시장위원회(FOMC)를 1년에 여덟 번, 6주에 한 번씩 정례적으로 열고 있다. 바로 이 회의에서 기준금리를 결정한다. 회의 후 브리핑을 통해 결과가 발표되며, 3주 후에는 의사록이 홈페이지에 공개된다.

3월과 6월, 9월, 12월 회의 후에는 Fed 의원들의 금리 전망을 시각화해 보여준 점도표도 같이 나온다. 시장 전문가들의 기준금리 전망은 시카고상품거래소(CME)의 '페드워치'를 통해 확인할 수 있다. 예정된 각각의 FOMC 회의에서 기준금리가 얼마나 변동될지 확률을 보여주며, 하루, 일주일, 한 달 단위로 확률이 어떻게 변화했는지

• 미국 기준금리와 S&P500지수의 관계

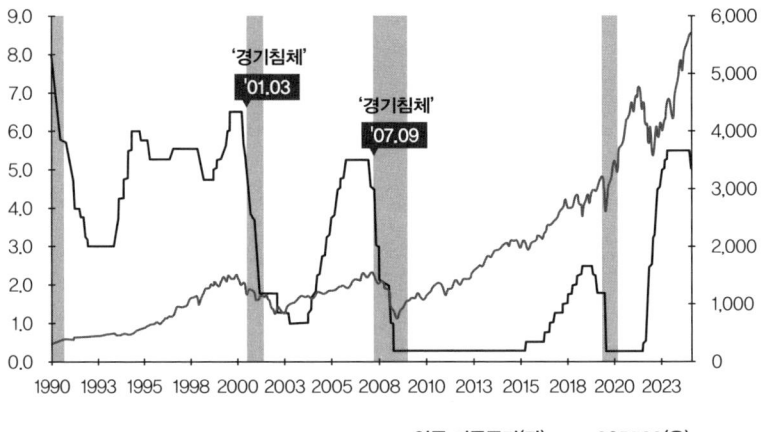

주: 2024.9 기준. 회색 음영은 경기침체 구간
출처: Bloomberg

도 정리되어 있어 시장의 심리를 읽는 데 유용하다.

매달 발표되는 소비자물가지수(CPI)도 꼭 확인해야 할 지표다. Fed의 기준금리 결정에 큰 영향을 미치기 때문이다. CPI가 상승하면 물가가 오르고 있다는 신호이고, 이는 물가를 잡기 위해 Fed가 금리를 인상(유동성 회수)할 가능성이 높다는 뜻이다. 따라서 일반적으로 CPI가 높으면 주식시장은 부정적인 영향을 받을 수 있다. 특히 물가가 높은 상황이 지속될 때 CPI 발표에 따른 주식시장의 변동성이 커지는 것으로 나타났다. Fed의 분석에 따르면, 물가상승률이 4% 이상으로 치솟았던 2021~2023년 당시 CPI 발표에 따른 S&P500지수의 변동성은 이전보다 13배 이상으로 커졌다.

주식시장 과열 상태를 판독하려면?

장단기 금리차는 미국 증시의 과열 상태를 판단하는 대표적인 지표다. 미국 10년물 국채와 미국 2년물 국채의 금리 차이를 의미하는데, 이 값이 0 이하로 내려가게 되면 장단기 금리차가 역전되었다고 표현한다.

일반적으로 장기 국채 금리는 단기 국채 금리보다 높게 형성된다. 보유기간이 길면 그만큼 불확실성이 크기 때문에 높은 금리를 줘야 시장에서 수요가 생긴다. 그런데 경기 전망이 낙관적일 경우에는 장

• 장단기 금리 역전 현상과 경기침체

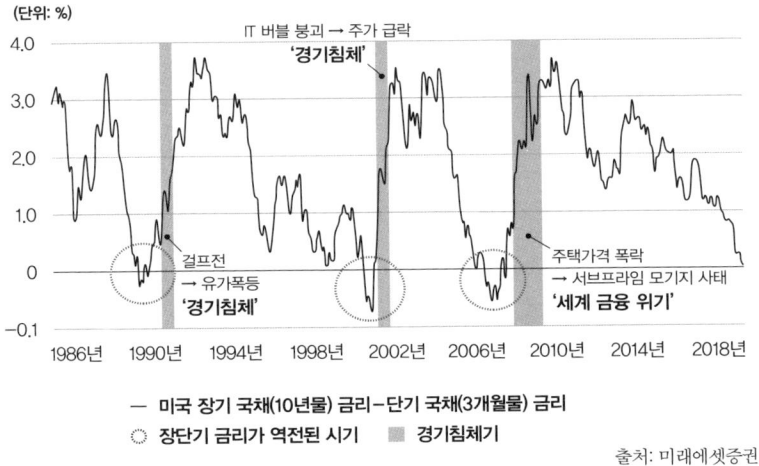

출처: 미래에셋증권

단기 금리차가 커지고, 반대로 경기 전망이 부정적일 경우에는 장단기 금리차가 축소되거나 역전된다. 장단기 금리차 역전 현상 후에는 증시가 대체로 급락했다. 2000년대 초반 닷컴버블과 2008년 글로벌 금융위기가 대표적인 사례다.

'투자의 달인' 워런 버핏이 참고하는 지표로 유명한 버핏지수도 유용하다. 버핏지수란 증시 시가 총액을 명목 국내총생산(GDP)으로 나눈 비율이다. 이 지수가 80% 아래면 저평가, 100%를 넘으면 고평가된 것으로 본다. 세계 증시의 버핏지수가 100%를 넘긴 건 2000년과 2008년, 2018년 등이며, 그 이후 증시는 어김없이 급락했다. 버핏지수는 구루포커스(Gurufocus) 웹사이트에서 확인할 수 있다.

실적과 투자의견, 배당 정보 체크

주식시장에서는 정보가 곧 돈이다. 개별 기업의 실적 발표와 예상 실적, 애널리스트들의 평가 하나하나에 주가는 출렁이기 때문이다. 미국은 자본시장이 발달한 만큼 실적과 투자의견 등 많은 정보가 오픈되어 있다. 투자자들이 쉽게 정보를 찾아볼 수 있도록 정리된 웹사이트도 많다.

    대표적인 웹사이트가 마켓비트(MarketBeat)와 팁랭크(Tipranks)다. 종목명을 검색하기만 하면 현재 이 종목에 대한 월가 애널리스트들의 종합적인 투자의견은 물론, 향후 목표주가까지 확인할 수 있다. 실적(Earnings) 탭에서는 최근 분기별 실적과 어닝콜(회사의 실적 세부설명), 다가오는 실적 발표일의 월가 애널리스트 추정치도 볼 수 있다. 추정치와 비교한 회사 실적에 따라 실적발표일에 주가가 출렁이곤 한다. 배당 정보도 유용하다. 최근 배당일과 배당금액, 배당금 지급 역사, 배당성장률, 배당수익률 등 종합적인 정보가 나와 있다.

고수들의 종목이 궁금하다면

워런 버핏, 조지 소로스, 레이 달리오 등 투자 대가들은 지금 어떤 종목을 들고 있을까? 미국 증권거래위원회(SEC)는 운용자산 1억 달러 이상의 미국 기관투자자들이 주식을 거래한 내용을 '폼(Form) 13', 이른바 '13F'라고 불리는 공시제도를 통해 매분기 공개하도록 하고 있다.

해당 분기 동안 매매한 내역뿐만 아니라 거래가 오간 주식의 현재 보유량과 시장가치도 빠짐없이 포함된다. 유명 헤지펀드 전략과 매수·매도 리스트를 파악할 수 있어 글로벌 투자자들이 주목하는 자료다. 국내 개인투자자도 이를 통해 워런 버핏이 이끄는 버크셔해서웨이의 분기별 포트폴리오를 어렵지 않게 찾아볼 수 있다.

웨일위즈덤(Whale Wisdom)은 이 13F 공시를 투자자들이 쉽게 찾아볼 수 있도록 정리해놓은 웹사이트다. 홈페이지 접속 후 투자 대가의 기관인 버크셔해서웨이나 골드만삭스 등을 검색하면 된다. 메인 페이지에서도 주요 기관투자자들의 포트폴리오를 볼 수 있기 때문에 기관명을 누르기만 하면 쉽게 정보를 얻을 수 있다. 분기별로 '가장 많이 매수한 종목(Top Buys)' '가장 많이 매도한 종목(Top Sells)' 리스트도 확인할 수 있다. EDGAR(전자공시시스템)에 표출되는 모든 공시 내용도 포함되어 있다. 해당 기관이 보유한 주식이 전체 포트폴리오에서 차지하는 비중 역시 알 수 있어 투자에 참고하기 유용하다.

미국 증시에서 비트코인에 간접투자하는 방법

미국 ETF 시장에는 다양한 암호화폐 ETF가 상장되어 있다. 비트코인과 금, 국채, 주식, 이더리움 등과 결합한 상품부터 커버드콜·버퍼형 전략 ETF까지 선택지가 넓다.

스트래티지가 급등한 이유

미국주식시장에는 비트코인 등 암호화폐에 간접투자할 수 있는 종목이나 상품도 있다. 대표적인 종목이 바로 세계에서 가장 많은 비트코인을 갖고 있는 기업인 스트래티지다. 이 종목은 2024년에 약 360% 급등했다. 같은 기간 124% 상승한 비트코인의 3배에 달하는 수익률을 냈다. 비트코인 관련주가 비트코인 간접투자처가 된 것을 넘어 수익률마저 비트코인을 웃돌게 된 배경은 무엇일까?

　스트래티지는 1989년 소프트웨어 개발사로 사업을 시작했다. 데이터 분석을 통한 기업 의사결정 지원 소프트웨어가 주력 상품이었다. 한때 맥도날드와 계약을 체결하는 등 1990년부터 1996년까지 연평균 매출증가율 100%를 올리기도 하며 급성장했다. 호시절은 오래가지 않았다. 1998년 상장된 후 2000년 닷컴버블 여파로 주가가 99% 폭락했다.

본격적으로 비트코인을 매집한 것은 2020년부터다. 스트래티지는 비트코인이 최고의 인플레이션 헤지 수단이라는 마이클 세일러 의장의 신념 아래 미친 듯이 비트코인을 매집하기 시작했다. 비트코인 보유량을 꾸준히 늘려 2024년 말 기준 약 42만 개에 달했다. 당시 시장에 유통된 전체 비트코인 1,980만 개의 약 2% 수준이다. 이렇게 스트래티지는 부업이었던 비트코인 투자가 본업으로 거듭난 기업이 되었다.

스트래티지는 '비트코인 빚투(빚을 내서 투자)'를 통해 비트코인을 긁어모으고 있다. 2024년에 스트래티지는 3년에 걸쳐 유상증자와 전환사채(CB) 발행을 통해 420억 달러를 조달하고 이를 통해 비트코인을 매수하겠다고 발표했다.

전환사채는 기업이 일정 조건에 따라 채권을 주식으로 전환할 수 있는 권리를 투자자에게 제공하는 대신, 일반 채권보다 낮은 금리로 자금을 유치할 수 있는 수단이다. 스트래티지가 발행하는 전환사채는 이자가 0%다. 일정 조건에 맞으면 주식으로 전환할 수 있다. 사실상 이자 비용 없이 비트코인을 자기자본 이상으로 사들이고 있는 셈이다. 스트래티지의 전환사채는 자체 규정이나 법적 규제로 비트코인에 직접투자할 수 없는 기관 등의 수요에 딱 들어맞았다. 게다가

스트래티지가 2024년 말, 나스닥100지수에 포함되면서 이 지수에 투자하는 펀드도 스트래티지 전환사채에 손을 댈 수 있게 되었다.

스트래티지의 높은 변동성은 무기이자 약점으로 지목된다. 옵션시장에서 스트래티지의 변동성은 S&P500의 어떤 주식보다도 높은 수준이다. 심지어 비트코인보다도 높다. 변동성이 높으면 그 사이에서 얻을 수 있는 수익도 많기 때문에 트레이더들은 스트래티지 채권을 매수하고 주식을 공매도하는 식으로 트레이딩을 하기도 한다. 변동성 자체가 기업의 무기가 된 셈이다. 하지만 만약 비트코인 가격이 급락하거나 주가가 변동성이 작은 상태에서 횡보할 경우, 이러한 시스템이 붕괴할 수 있다는 우려가 나온다.

배당 받으면서 비트코인 투자… 암호화폐 ETF의 세계

2024년 초 비트코인 현물 ETF가 미 금융당국의 승인을 받으면서 비트코인 ETF 시장은 급성장하기 시작했다. 비트코인 ETF의 순자산총액(AUM)은 1천억 달러를 돌파하더니 한때는 금 ETF의 순자산을 추월하기도 했다. 가장 규모가 큰 암호화폐 ETF는 비트코인 현물 ETF인 '아이셰어즈 비트코인 트러스트 ETF(IBIT)'로, 상장 1년 만에 350억 달러가 넘는 자금이 유입되었다. ETF 역사상 가장 빠르게 순자산이 불어난 상품으로 기록되었다.

국내 금융당국은 미국에서 비트코인 현물 ETF가 출시되자 한국 개인투자자가 거래하지 못하도록 규정했다. 관련 법규가 정비되지 않았다는 이유에서다. 다만 비트코인 선물 ETF 등은 거래가 가능하다. 미국 ETF 시장에는 다양한 전략의 암호화폐 ETF가 상장되어 있다. 비트코인과 국채, 비트코인과 금, 비트코인과 주식, 비트코인과 이더리움 등을 각각 결합한 상품부터 비트코인 커버드콜, 비트코인 버퍼형 ETF도 존재한다.

국내 투자자들에게 인기 있는 암호화폐 ETF는 단연 '2X 비트코인 스트래티지 ETF(BITX)'다. 비트코인 선물 지수 수익률을 2배로 따르는 레버리지 상품이다. 2024년 한 해 동안 국내투자자들이 29억 5,386만 달러어치를 순매수했다. 국내에서는 비트코인 레버리지 상품이 없기 때문에 미국 증시로 몰려간 것으로 분석된다.

비트코인에 투자하면서 배당을 받을 수 있는 ETF도 있다. 2024년 1월 상장된 '라운드힐 비트코인 커버드콜 ETF(YBTC)'는 비트코인 커버드콜 전략을 결합한 상품이다. 커버드콜은 기초자산을 매수하는 동시에 이를 특정 가격에 살 수 있는 콜옵션을 매도하는 방식이다. 콜옵션을 팔아서 벌어들인 수익을 분배금으로 지급한다. YBTC는 연 40% 이상의 분배율을 자랑한다. 매달도 아닌 매주 배당하는 주배당 방식이다.

다만 커버드콜 ETF는 시세차익보다는 매달 생활비가 필요한 은퇴자에게 제격인 상품이다. 미래의 주가 상승분을 포기하고 현재 높

· 미국 주요 암호화폐 ETF

구분	티커	ETF명	운용사	총보수율
현물	IBIT	iShares Bitcoin Trust	BlackRock	0.12%
	FBTC	Fidelity Wise Origin Bitcoin Fund	Fidelity	0.25%
선물	레버리지 BITX	2x Bitcoin Strategy	Volatility Shares	1.85%
	인버스 BITI	Short Bitcoin	ProShares	1.03%
	커버드콜 YBTC	Roundhill Bitcoin Covered Call Strategy	Roundhill Investments	0.96%
	BTCC	Grayscale Bitcoin Covered Call	Grayscale	0.66%
	버퍼형 CBOJ	Calamos Bitcoin Structured Alt Protection	Calamos	0.69%
	비트코인+금 BTGD	STKd 100% Bitcoin & 100% Gold	Tidal Financial Group	1%

은 수준의 분배금을 받는 구조이기 때문이다. 또 기초자산인 비트코인이 급락하면 하락분을 온전히 떠안아야 하고 상승장에서는 상승폭이 제한된다.

손실을 방어해주는 비트코인 버퍼형 ETF도 출시되었다. 버퍼형 ETF는 콜옵션과 풋옵션을 활용해 하방 리스크를 제거하는 상품이다. 횡보장이나 하락장에서 상대적으로 안전하다는 장점이 있다. 손실 보전 비율을 10%로 가정할 때, 기초지수가 10% 하락하면 원금이 보장되고 15% 떨어지면 5% 손실을 본다. 다만 최대 수익률이 제한되어 있어 상승장에서는 불리하다. 미국 자산운용사 칼라모스자산운용은 손실 보전 비율이 100%인 비트코인 버퍼형 ETF까지 내놨다. 1년 만기 동안 보유하면 손실 리스크는 없지만 최대 수익률은 11.65%로 제한된다. 이 기간 동안 보유하고 있어야 손실 보전 한도를 온전하게 챙길 수 있다. 매수 시기에 따라 수익률 상한과 손실 보전 비율이 달라진다.

미국주식으로 돈 벌면 세금은 피할 수 없다

미국주식의 매매차익에는 22%의 양도소득세가 부과된다. 손실중인 주식의 매도 계획이 있다면 연내에 과감히 팔아서 이익이 난 종목과 손익통산하는 것이 유리할 수 있다.

미국주식에 투자할 땐 반드시 과세 구조를 체크해야 한다. 국내 주식과 달리 미국주식은 매매차익에 22%의 양도소득세(지방소득세 포함)가 부과되기 때문이다. 쉽게 말해 해외 증시에서 주식을 팔아서 번 돈의 22%를 세금으로 떼게 된다는 것이다. 엔비디아, 테슬라, 인텔 등 모든 미국주식은 물론, 미국 증시에 상장된 ETF도 똑같이 해외주식으로 보고 매매차익에 양도소득세가 부과된다. 물론 수익을 실현하지 않고 보유중인 상태의 주식에는 부과되지 않는다.

양도소득세는 250만 원까지는 공제 대상이다. 미국주식을 팔아 번 돈이 250만 원 이상이면 그 차익에 대해 22%의 세금이 부과된다. 만약 손실중인 주식 매도 계획이 있다면 연내에 과감히 팔아 이득이 난 종목과 함께 손익통산하는 것이 절세하는 데 유리하다.

· 미국주식 과세현황

세금 종류	세율
양도소득세	연간 수익 250만 원 이하: 없음
	연간 수익 250만 원 초과: 22% (양도소득세 20% + 지방소득세 2%)
배당소득세	미국: 15%
	국내: 15.4%(지방소득세 포함)

연말에 주식 팔고, 연초에 다시 사는 전략

여기서 중요한 점은 양도소득세 적용에 있어 손익통산이 가능하다는 것이다. 올해 엔비디아 주식을 팔아서 1천만 원을 벌고 인텔 주식에서 700만 원을 손해봤다면, 올해 총 300만 원을 번 것으로 세금 계산이 된다는 것이다.

이렇게 계산해서 총 250만 원 넘게 벌었다면 250만 원을 넘은 부분에 대해서는 22% 양도세를 지불한다. 위의 경우 300만 원에서 250만 원을 뺀 50만 원에 세율 22%를 곱해서 11만 원을 세금으로 납부하게 된다.

매년 연말에 주식을 팔았다가 이듬해 연초 주식을 다시 사는 절세 전략을 세우는 것도 좋다. 손익통산이 가능해서다. 올해 테슬라 주식을 팔아 500만 원을 벌었다고 가정해보자. 만약 이때 주가가 하락해 수익률이 마이너스인 코카콜라 주식에서 250만 원어치를 연말에 팔아버리면 양도차익이 250만 원으로 줄어들어 양도세를 물지 않아도 된다.

양도소득세는 매년 1월 1일부터 12월 31일까지 손익을 계산해 세금이 매겨진다. 단, 결제일을 기준으로 하기 때문에 미국 시장 기준으로 12월 27일 애프터마켓 거래까지 포함되고 한국시간으로는 12월 28일 오전 8시까지 계산된다. 2024년부터 미국주식의 결제일이 2영업일 후(T+2)에서 1영업일 후(T+1)로 변경되었기 때문인데, 현지 시간으로 12월 27일에 판 주식은 미국에서 월요일인 12월 30일에 결제되고, 국내 증권사에서는 마지막 날인 12월 31일에 결제되는 것이다.

미국주식에서 받은 배당금에 대한 세금은 15%이며 현지에서 원천징수된다. 미국 세법상 배당소득세 세율이 15%인데, 배당이 지급될 때 세금을 떼고 나머지 금액이 들어오는 것이다. 미국에서 배당소득세를 내고 한국에서 또 배당소득세를 내는 것은 아니다. 양국 조세조약에 따라 현지에서 세금을 뗀 부분에 대해서는 이중과세 하지 않기 때문이다. 미국 배당 세율이 15%로, 한국 배당소득세율 14%(지방소득세 1.4% 제외)보다 높다. 한국에서 추가로 세금을 내지 않아도 되는 것이다.

금융소득종합과세를 꼭 확인해야

마지막으로 금융소득종합과세라는 '복병'도 반드시 확인해야 한다. 양도소득세는 얼마가 부과되든 분리과세되기 때문에 금융소득종합과세 대상이 아니다. 미국주식을 팔아 얻은 금액은 22% 세금으로 모든 과세가 종결되는 셈이다. 하지만 배당소득은 금융소득종합과세 대상이다. 미국주식으로 받은 배당소득과 여타 이자소득 합계가 연 2천만 원을 넘으면 금융소득종합과세 대상자가 된다. 금융소득종합과세는 2천만 원 초과분에 대해 근로소득 등 다른 소득과 합산해 누진세율(6.6~49.5%)로 소득세를 매기고 있다. 경우에 따라 최고 49.5%의 세금폭탄을 맞을 수 있다는 것이다.

특히 배당소득 이외에 근로소득 등이 있는 직장인의 경우 세금폭탄 대상자가 되기 쉽다. 연봉 1억 원인 직장인이 배당금으로 연 3천만 원을 받았다면 2천만 원까지는 15%의 세율을 적용받고, 나머지 1천만 원은 근로소득 1억 원과 합산해 과표구간에 따라 38.5%(지방소득세 포함) 세율로 세금을 내기 때문이다.

만약 은퇴 후 다른 소득 없이 미국 배당금만 챙긴다면 금융소득 연 8,400만 원까지는 추가 세금이 없다. 배당금을 받을 때 이미 15%가 원천징수되는데, 이 원천징수된 금액이 금융종합소득과세 계산식을 적용한 금액보다 많다면 추가로 징수하지 않기 때문이다.

금융소득만 8,400만 원인 경우를 가정해보면, 기본적으로 원천징

- **종합소득세 세율 (2023년 귀속)**

과세표준	세율	누진공제
14,000,000원 이하	6%	-
14,000,000원 초과 50,000,000원 이하	15%	1,260,000원
50,000,000원 초과 88,000,000원 이하	24%	5,760,000원
88,000,000원 초과 150,000,000원 이하	35%	15,440,000원
150,000,000원 초과 300,000,000원 이하	38%	19,940,000원
300,000,000원 초과 500,000,000원 이하	40%	25,940,000원
500,000,000원 초과 1,000,000,000원 이하	42%	35,940,000원
1,000,000,000원 초과	45%	65,940,000원

출처: 국세청

수(15%)되는 세금은 1,260만 원이다. 그런데 이 금액은 8,400만 원을 대상으로 종합소득세 계산식을 적용한 금액과 같다. 따라서 연 8,400만 원까지는 금융소득종합과세에 따른 추가 세금이 없다는 것이다.

하지만 배당소득이 일정 금액을 넘어서면 건강보험료도 추가로 부과될 수 있다. 은퇴한 지역가입자는 이자와 배당소득이 연간 1천만 원을 넘으면 전체 이자와 배당소득에 대해 약 8%의 건강보험료를 내야 한다. 이자와 배당소득이 2천만 원이 넘으면 건강보험 피부양자 자격도 유지할 수 없다. 직장인이라면 2천만 원 초과 금액의 8%를 건강보험료로 추가 납부해야 한다.

미국 배당주 집중투자자가 현행 과세 체계에서 절세하려면 중개형 ISA와 연금계좌를 적극적으로 활용하는 것이 최선의 방법이다. 두 계좌에서 나오는 배당금은 금융소득종합과세에 포함되지 않고 각각 9.9%, 3.3~5.5%로 분리과세되기 때문이다. 연금계좌의 연금소득이 1,500만 원을 넘을 때는 다른 소득과 합산해 종합과세 대상이 되지만, 이때도 16.5%로 분리과세해달라고 요청할 수 있다. 연금계좌 소득에는 건강보험료도 부과되지 않는다. 단, 두 절세계좌는 미국주식에 직접투자가 불가능하기 때문에 미국 배당주를 담은 국내 상장 ETF로 간접투자해야 한다.

돈이 몰리는 곳에 투자하라

미국 증시는 '달리는 말에 올라타라'는 격언이 잘 어울리는 시장이다. 상승 종목이 더 오르는 현상이 반복되기 때문에 시장의 주도주를 가려내는 안목이 무엇보다 중요하다.

엔비디아, 테슬라, 팔란티어 등 인공지능(AI) 열풍이 미국 증시를 뜨겁게 달군 2024년에는 주도주의 변화가 잦았다. AI라는 큰 테마 안에서도 AI 반도체, AI 소프트웨어 등으로 주도 섹터가 옮겨갔고, 이들 종목에 돈이 몰리며 주가가 추가 상승하는 현상이 부각되었다. 자연스럽게 여러 투자 기법 중 달리는 말(주가가 급등하는 종목)에 올라타는 전략인 '모멘텀 전략'이 가장 성과가 뛰어난 한 해였다.

실제로 미국 증시에 상장된 모멘텀 전략 ETF 중 순자산 규모가 가장 큰 '아이셰어즈 MSCI 미국 모멘텀(MTUM)'은 2024년에 34% 상승했다. 같은 기간, 미국 S&P500지수 상승률(23%)을 웃돌았다.

반면 방어적 성격의 고배당·저변동성 전략 ETF는 시장 대표 지수보다 저조한 성과를 냈다. 엑슨모빌, 프록터앤갬블(P&G) 등 배당수익률이 높은 종목을 담은 '뱅가드 고배당(VYM)'은 2024년 13% 올랐다. 월마트, 시스코 등을 편입한 로볼(저변동성) 전략 ETF인 '아이셰어즈 MSCI 미국 저변동성(USMV)'도 13% 상승해 S&P500지수에 못 미치는 성과를 냈다.

모멘텀 ETF는 1년에 두 차례 이상 주가 상승세가 강력한 종목을 선별해 이를 추격 매매하는 형태로 포트폴리오를 조정해 수익을 낸다. 일반적으로 주도주가 뚜렷하게 나타나는 상승장에서 유효한 전략이다. 주식시장이 약세를 보이고 주도주나 주도 업종을 찾기 힘들 때에는 투자 매력이 떨어질 수 있다.

오르는 주식이 더 오른다

증권가에서는 미국 증시에서 돈이 몰리는 곳에 돈이 더 몰려드는 현상이 심화하고 있다는 분석이 잇따르고 있다. 전 세계 경제가 휘청이는 가운데 미국 경제가 나홀로 강세를 보이면서 미국 증시로 전 세계 돈이 몰려들고, 넘쳐나는 돈이 증시 주도주를 더 끌어올린다는 것이다.

물론 영원한 상승은 없듯이 미국 증시에도 조정과 하락장이 펼쳐지겠지만 이러한 주도주 모멘텀 분석은 미국 증시가 어떻게 흘러가는지 커다란 판을 읽는 데 도움이 될 수 있다.

'주도주'를 추적하기 위해서는 미국 ETF의 자금유입을 참고하는 것이 좋다. ETF가 대세 투자처가 된 만큼, 시장에서 어떤 업종이나 섹터, 자산군에 돈이 몰리는지를 ETF 자금유입 분석을 통해서 비교적 쉽게 구체적으로 감을 잡을 수 있기 때문이다. 개별종목이 급등하고 거래량이 많아질 때 단순 급등락인지 주도 테마라는 큰 사이클에 올라탄 것인지 판단할 수 있는 것이다. 특히 미국 ETF는 글로벌 기관투자자 등 '큰손'들의 투자 비중도 커 이들이 어떤 판단을 내리고 있는지를 개인투자자로서 엿볼 수 있다.

ETF 자금 흐름은 이를 정리한 증권사 리포트나 코스콤 'ETF CHECK' 웹사이트를 통해 쉽게 조사할 수 있다. ETF CHECK 웹사이트의 '랭킹' 코너에서 '자금유입'을 선택하고 국가 설정을 미국으로 바꾸면 전일, 1주, 1개월, 3개월, 6개월, 연초 대비, 1년 동안의 ETF 자금 유출입 순위를 확인 가능하다. 개별 ETF를 검색해 자금흐름을 볼 수도 있다.

예를 들어 2024년 11월 첫째 주, 소프트웨어 ETF인 '아이셰어즈 익스팬디드 테크-소프트웨어 섹터(IGV)'에 4억 9,750만 달러(2024년 주간 기준 최대 유입액)가 순유입되면서 처음으로 자금 유입 상위권에 올랐다. 팔란티어를 비롯한 AI소프트웨어 종목이 새로운 AI 주도주로 자리 잡던 시기였다. 팔란티어는 그해 11월부터 연말까지 약 85% 상승했다.

펀드매니저의 선택 엿보기

펀드매니저가 시장 상황에 맞게 주도주를 편입하는 액티브 ETF의 포트폴리오를 참고하는 것도 좋은 방법이다. 액티브 ETF는 기존 액티브 공모펀드와 다르게 편입 종목이 매일 공개된다. 이 종목을 체크하기만 해도 펀드매니저들이 어떤 종목이나 업종에 관심을 갖고 있는지 쉽게 파악할 수 있다. 한국에서 '돈나무 언니/누나'로 불리는 캐시 우드가 이끄는 글로벌 자산운용사 아크 인베스트먼트의 ETF가 대표적이다.

액티브 ETF '아크 이노베이션(ARKK)'은 운용자산이 50억 달러에 달한다. 테슬라, 코인베이스 등 대표적인 미국 성장주에 집중 투자하고 있어 상승장에 좋은 수익을 내고 있다.

국내에서는 타임폴리오자산운용과 삼성액티브자산운용 등 액티브 ETF 전문 운용사들이 국내외 대표지수형은 물론 테마형 액티브 ETF 등을 운용하고 있다. 액티브 ETF의 편입 종목을 확인하려면 마찬가지로 'ETF CHECK' 웹사이트에 접속하면 된다. 개별 ETF를 검색한 후 클릭하면 구성종목 탭이 있다. 구성종목은 매일 업데이트된다.

전 세계에서부터 세계 패권을 쥐고 있는 기축통화국인 미국으로 흘러들어가는 돈은 갈수록 늘어나고 있다. 2008년 금융위기는 미국 증시 역사의 커다란 변곡점으로 꼽힌다. 당시 주식이 폭락한 것도 큰 충격을 줬지만 이에 대한 미국의 대응이 증시에 미친 영향이 상

• 주도주 담은 미국 주요 ETF

구분	티커	ETF명	운용사	특징
모멘텀	MTUM	iShares MSCI USA Momentum Factor	BlackRock	대형주 중심, MSCI 모멘텀 지수 추종
	SPMO	Invesco S&P500 Momentum	Invesco	S&P500 내 모멘텀 상위 종목 추종
	QMOM	Alpha Architect U.S. Quantitative Momentum	Alpha Architect	정량적 모멘텀 전략 기반
	PTF	Invesco Dorsey Wright Technology Momentum	Invesco	기술주 중심의 모멘텀 전략
액티브	ARKK	ARK Innovation	ARK Invest	혁신 기술주 중심 투자
	FMAG	Fidelity Magellan	Fiedlity	스테디셀러 피델리티 마젤란 펀드의 ETF 버전

당히 컸기 때문이다. 미국은 위기를 타개할 해법으로 화폐를 찍어내 시장에 돈을 푸는 통화정책을 선택했다. 엄청난 돈이 시중에 풀리자 경기는 살아나고 증시에도 돈이 흘러들어가 미국주식은 장기 우상향 곡선을 그리며 상승해왔다.

2020년 코로나19 사태 당시, 한 번 시중에 풀린 유동성은 회수되기 어려웠고 물가를 끌어올렸다. 그러자 2022년에 미국은 금리를 인상해 인플레이션을 막았다. 금리를 올려 돈을 거둬들이면 경기침체는 불가피하지만 전 세계 돈이 미국으로 흘러가 미국경제를 지탱하게 된다. 미국이 금리를 올리자 전 세계에 풀린 달러가 미국으로 다시 돌아와 경기를 띄우는 형국이 펼쳐졌다. 이와 같이 미국에 돈이 몰리는 현상이 심화할수록 주도주에 돈이 몰리면서 주도주가 추가 상승하는 장세가 열릴 전망이다.

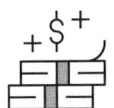

포트폴리오를 짤 때 가장 먼저 떠올려야 할 것은 개별종목이 아니라 ETF다. ETF는 다양한 종목을 한 번에 담을 수 있어 위험을 줄이고 안정적인 수익을 기대할 수 있다. 특히 미국 증시에는 S&P500, 나스닥, 반도체 등 글로벌 경제를 대표하는 지수를 추종하는 ETF가 풍부하다. 장기적으로 미국 시장 전체에 올라타는 가장 간편하고 효율적인 방법이기도 하다. 5장에서는 ETF의 강점과 투자 아이디어를 통해 포트폴리오의 기본을 다져본다.

**PART
5**

포트폴리오의 기본은 ETF부터

ETF로 투자하면
이보다 간편할 수 없다

ETF를 활용하면 개별종목에 대한 고민 없이 미국 증시에 간편하게 투자할 수 있다. 하나의 상품으로 여러 종목에 분산투자하는 효과를 동시에 누릴 수 있기 때문이다.

지금까지 미국 개별종목을 알아봤다. 하지만 딱 맞는 종목을 적기에 진입하기는 쉽지 않다. 이 과정이 부담스럽다면, ETF가 좋은 대안이 될 수 있다. 여러 종목을 한 번에 담을 수 있으면서도 주식처럼 손쉽게 사고팔 수 있기 때문이다. 그래서 ETF는 '가장 간편한 분산투자' 방식으로 통한다.

지수 투자의 대표적인 방식은 공모펀드와 ETF(상장지수펀드)가 있다. 이 중 개인투자자들의 선택을 많이 받고 있는 쪽은 ETF다. ETF는 증시에 상장되어 있어 공모펀드에 비해 거래가 훨씬 쉽고 편리하기 때문이다. 거래가 쉽다는 것은 단순히 투자자가 덜 귀찮다는 것만을 의미하는 것이 아니다. 투자 수익률도 좌우한다. ETF에 대해 자세히 살펴보자.

• ETF vs. 개별 주식 vs. 인덱스 펀드 차이

항목	ETF	개별 주식	인덱스 펀드
투자 대상	여러 종목(지수)	특정 기업 1개	여러 종목(지수)
거래 방식	주식처럼 실시간 거래 가능	주식처럼 실시간 거래 가능	펀드 가입 후 1일 ~수일 후 체결
운용보수	낮음(0.03~0.2%)	없음(직접투자)	높음(0.5~2%)
분산투자	가능	불가능(한 기업에 집중)	가능
유동성 (매매 편의성)	높음(주식처럼 매수·매도 가능)	높음	낮음(펀드 환매에 수일 소요)
배당 지급 방식	일부 ETF는 배당 지급	기업별 배당 여부에 따라 다름	대부분 배당 자동 재투자

ETF는 주식처럼 거래하면서도, 특정 지수를 추종해 여러 종목에 한 번에 투자할 수 있는 금융 상품이다. 증시에 정식 상장되어 있어 개별 주식을 거래하는 것과 같은 방식으로 거래할 수 있다. 매수·매도 가격을 자유롭게 지정해 장중 언제든지 실시간으로 사고팔 수 있다는 얘기다.

반면에 일반 펀드는 다르다. 증권사나 은행, 운용사 홈페이지 등을 통해 가입해야 한다. 주식처럼 실시간 가격을 반영해 거래할 수도 없다. 환매를 할 때도 곧바로 이뤄지지 않는 경우가 많다. 따라서 호재 재료가 소멸하거나 갑작스러운 악재가 터졌을 때 주식이나 ETF처럼 즉시 대응하기 어렵다.

주식보다 거래가 편한 ETF

통상적으로 펀드는 하루에 한번 산정하는 기준가를 반영해 매매 신청한 다음날에 거래가 된다. 월요일 오후 두 시에 펀드 매수(가입)를 신청했다면, 월요일 장이 마감한 뒤 확정된 기준가격으로 화요일에 주문이 체결되는 식이다. 즉 투자자가 매매 신청을 한 시점에서는 주문이 얼마에 체결될지를 알 수 없는 구조다. 매도(환매)할 때엔 일반 주식이나 ETF에 비해 주문 체결 시간이 더 걸리는 만큼 현금화 속도가 상대적으로 떨어질 수 있다.

ETF는 주식보다도 거래가 유리할 때가 있다. 유동성공급자(LP)가 있어서다. LP는 ETF 시장에서 매수·매도자가 거래를 원활히 할 수 있도록 시장에 매물을 공급하고 거래를 활성화하는 역할을 한다.

예를 들어보자. 개별주를 사뒀지만 시장 관심이 없는 탓에 거래량이 거의 없는 경우에는 주식 거래를 하기가 힘들다. 아무리 시장가를 제시해도 사려는 투자자가 없으면 팔 수가 없는 구조다. 이런 경우에 투자자는 그만큼 오래 주식을 들고 있거나, 아니면 훨씬 낮은 가격에 다시 매도 주문을 내야 한다.

이에 비해 ETF는 LP가 일정 범위 내에서 매수·매도 호가를 형성하고 있다. 매수·매도 가격 차이(스프레드)를 줄여 거래를 활성화하는 것이 LP의 의무다. 투자자가 적정 범위로 가격을 제시한다면 이를 사려는 다른 투자자가 없어도 이 호가 내에서 주문이 체결된다.

물론 LP는 자선사업자가 아니다. LP는 이 과정에서 차익거래 수익을 낸다. 이러한 구조 덕분에 투자자 입장에서는 거래량에 대한 부담을 상대적으로 줄일 수 있다.

ETF를 적정 가치로 사려면 꼭 알아야 할 개념이 있다. ETF의 NAV(순자산가치)다. NAV는 ETF가 보유한 모든 자산의 실제 가치를 뜻한다. 자산의 총 가치를 ETF 발행량으로 나눈 값으로 구한다.

ETF가 애플, 알파벳, 테슬라, 메타, 엔비디아 등 5개 종목에 대해 각각 100주씩 투자한다고 하자. 편의상 각 종목 평균 주가를 500달러로 잡고, ETF의 발행량이 1천 개라고 하면 이 ETF의 자산은 25만 달러가 된다. 여기서 운용보수 1%를 뺀 순자산총액(24만 7,500달러)을 ETF 발행량으로 나누면 NAV는 247.5달러가 된다.

개별종목 주가는 매 순간 바뀌기 때문에 NAV는 하루에 한 번씩 계산된다. 이 시차 등으로 인해 NAV가 ETF의 시장가격과는 차이가 날 수 있다. 이때 ETF의 NAV와 시장가격 간 차이를 괴리율이라고 한다. 괴리율이 크면 ETF 가격이 실제 가치보다 비싸거나 싸게 거래되고 있다는 의미다. ETF를 '비싸게' 사지 않으려면 NAV를 확인하는 것이 중요하다.

앞에서 설명한 LP는 ETF의 가격을 NAV 근처로 유지하는 역할도 한다. LP의 차익거래도 이 과정에서 나온다. ETF 가격이 NAV보다 높으면 ETF를 추가로 발행하되 실제 가치보다 조금 더 비싼 값에 시장에 공급한다. 시장 가격이 NAV보다 낮으면 이 가격에 ETF를

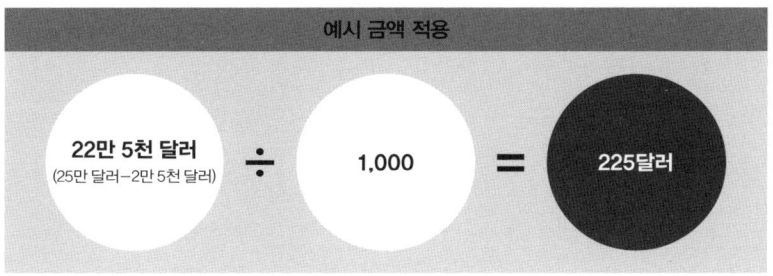

사들인 뒤 이를 기초자산(주식 등)으로 바꾸고, ETF는 소각해 공급을 줄인다.

ETF 가격보다 기초자산 가치가 좀더 높았기 때문에 LP 입장에서는 그만큼의 차익을 갖게 된다. 투자자 입장에서는 이 과정이 ETF의 가격을 실제 가치 대비 일정 범위 밖으로 과도하게 움직이는 것을 방지해줘서 투자하기에 안정적이다. 따라서 개별주식은 어떤 '큰손'이 대량으로 매수·매도를 할 경우에 가격이 급변할 수 있지만, ETF는 대량 주문이 나와도 상대적으로 가격 변동이 적다.

거래량이 너무 적은 ETF는 피해야

하지만 너무 마음을 놓으면 안 된다. LP가 있으니 ETF의 가격이 실제 가치에서 딱히 동떨어지지 않을 것이라고만 생각하는 건 오산이다. 급격한 하락장이나 빠른 상승장에선 LP도 거래를 따라가지 못해 괴리율이 커질 수 있다. 예측이 어려운 지정학적 문제 등으로 시장 변동성이 크거나 LP가 손실 가능성이 크다고 판단할 경우에는 LP가 적극적으로 개입하지 않을 가능성도 있다. ETF 상장 시장은 미국이고, 기초자산은 유럽 시장에서 거래되는 원자재 등인 경우에는 서로 거래 시간이 달라 가격이 실시간으로 반영되지 못해 괴리율이 발생할 수 있다.

ETF 자체 거래량이 너무 적은 경우에도 LP가 충분한 유동성을 공급하지 못해 괴리율 문제가 생길 수 있다. ETF도 주식과 마찬가지로 거래량이 많을수록 쉽게 사고팔 수 있고, ETF 스프레드(매수 호가와 매도 호가 차이)가 적어 거래비용이 낮아진다.

지수마다 구성이나 계산 방식이 다른 만큼 ETF의 추종 지수를 잘 고르는 것도 중요하다. 같은 분야, 같은 기업에 투자하더라도 지수 계산 방식에 따라 수익률이 달라질 수 있다.

ETF가 추종하는 지수는 통상적으로 시가총액 가중 방식이나 가격 가중 방식을 사용해 계산한다. 시가총액 가중 방식은 종목의 시가총액에 따라 지수 내 비중이 결정된다. 기업의 시총이 클수록 지수에 미치는 영향이 큰 것이다. 이 방식은 추종하는 섹터나 분야 전반적인 흐름을 반영하기 쉽지만 덩치가 큰 기업들의 움직임이 수익률에 과도한 영향을 미칠 수 있다. 상위 서너 개 기업이 전체 지수의 40% 이상을 차지할 경우, 이 중 두 기업만 부진해도 지수 전체가 상당한 하락세를 보게 된다. S&P500, 나스닥100 등이 이 같은 방식을 사용한다.

지수가 가격 가중 방식을 쓸 경우에는 시총이 아니라 주가가 높은 기업이 지수에 더 큰 영향을 미친다. 다우존스 산업평균지수, 니케이225 지수 등이 이 방식으로 운영된다. 산출 방식이 직관적이고 역사적 흐름을 보기에 좋다.

그러나 주가가 높다고 해서 무조건 중요한 기업이 아닌데도 지수에서 비중이 클 수 있다는 것이 한계다. 이미 경쟁력이 떨어진 '사양 섹터'에 있는 기업이라도 성장세인 기업보다 주가가 높다면 지수에 더 큰 영향을 주는 것이다. 이 같은 차이를 고려해 각자의 투자 목표와 투자 시기, 시장 환경 등에 따라 적절한 지수를 선택하는 것이 장기 성과를 좌우한다.

개별종목 투자보다
지수 투자가 좋은 이유

미국 증시에는 S&P500, 나스닥, 필라델피아 반도체 등 다양한 지수가 존재한다. 초심자라면 변동성이 큰 개별종목보다는 지수에 먼저 투자하는 것이 유리하다.

미국주식 주요 섹터와 기업들을 알아봤다면 이제 실전 포트폴리오를 짜볼 때다. 같은 종목들에 투자하더라도 크게 두 가지 방법으로 포트폴리오를 구성할 수 있다. 개별종목 투자와 지수 투자다.

개별종목 투자는 기업 종목별로 이른바 '알주식(개별 주식)'을 직접 매수해 투자하는 방식을 뜻한다. 특정 기업의 실적이나 재무 상태, 경영진들의 특징, 기업이 속해 있는 산업의 전망 등을 두루 따져 투자를 결정하는 것이 중요하다. 주식은 원금보장이 되지 않는 투자여서 주요 사항을 충분히 따지지 않으면 원금을 잃을 수도 있기 때문이다. 투자자의 분석 능력과 기업에 대한 이해도가 중요한 이유다.

지수 투자는 개별 기업이 아니라 여러 기업을 모은 '지수'를 매입하는 방식이다. 주식 시장의 특정 지수를 추종하는 ETF(상장지수펀드)

나 인덱스펀드에 투자한다. 개별 기업들에 대해선 앞 장에서 자세히 알아봤으니 이 장에선 지수 투자를 집중적으로 본다.

지수는 여러 주식 종목이나 원자재 등의 가격을 종합해 시장의 전체적인 흐름을 나타내는 숫자다. 특정 섹터나 시장의 평균적인 움직임을 보여준다. 미국 과자 기업 10개를 모은 지수가 미국 식음료 섹터 중 과자 기업들의 평균 주가 성과를 보여주는 식이다. 이 때문에 지수는 개별종목이나 펀드의 수익률을 평가할 때 기준점 역할도 한다. 식음료 섹터 전체를 보여주는 지수가 지난 한 달간 1% 올랐고, 최근 내놓은 신상품 과자가 히트를 친 A기업은 같은 기간 10% 올랐다면 A기업이 식음료 섹터를 9%p 아웃퍼폼(초과 상승)한 것으로 본다.

분산투자 효과를 얻을 수 있어

지수 투자엔 여러 장점이 있다. 일단 분산효과를 통해 투자 리스크를 줄일 수 있다. 지수에 포함된 여러 기업에 한 번에 투자하는 방식이다 보니, 이 중 한 기업이 부진해도 다른 기업들이 성과를 보완해 줄 수 있다는 얘기다.

개별종목으로 돌아가보자. 기업은 신제품 마케팅 실패나 경쟁사의 제품 유행부터 회계 부정, CEO의 스캔들 등 각종 악재에 따라 주가가 폭락할 수 있다. 지수 투자는 이런 리스크를 분산시켜 개별 기업의 실패 영향을 줄인다.

한때 서학개미들의 관심이 높았던 미국 전기트럭 기업인 니콜라의 사례를 보면 이해하기 쉽다. 이 기업은 한때 역사가 100년 넘은 미국 주요 자동차 기업인 포드보다 시가총액이 높았다. 하지만 이후 기업이 내리막길을 이용해 수소 전기트럭 기술력이 있는 것처럼 눈속임을 했다는 점이 드러났다. 2024년 한 해에만 주가가 95% 내렸고, 2025년 미 증시 당국으로부터 상장폐지 통보를 받았다. 이 같은 일은 일반 투자자로선 예상하기도, 미리 알아채기도 힘들다. 지수 투자를 한다면 만에 하나 이런 기업들이 나오더라도 나머지 기업들의 성과가 영향을 일부씩 상쇄해준다.

지수 투자는 개별기업 투자에 비해 시간과 노력이 적게 든다는 점도 장점이다. 주식을 살 때 재무제표 분석과 뉴스 모니터링 등은 필수다. 산업 동향도 꾸준히 살펴서 개인투자자가 직접 포트폴리오를 수정해야 한다. 종목 교체를 제때 하지 못하면 비우량 기업이나 부실 기업에 계속 투자할 위험이 있다.

반면 지수 투자는 알아서 포트폴리오 리밸런싱(재조정)을 해준다. 지수마다 시가총액, 거래량, 재무상태 등등 자체 기준을 두고 있어 정기적으로 기준에 미달한 기업을 솎아내고, 새로운 기업을 편입한다. 투자자의 포트폴리오가 자연스럽게 '승자' 위주로 재편되고, 부진한 기업은 자동으로 빠지는 구조다.

시총과 거래량 위주로 구성하는 지수가 있다면 IT 시장이 커질수

• 미국 증시 주요 지수

지수	리밸런싱 주기	리밸런싱 방식
S&P500	분기별(연 4회)	시가총액, 유동성, 산업 분류 기준으로 조정
나스닥100	연 2회(6월, 12월)	시가총액 기준, 비금융 대형주 중심으로 조정
MSCI World Index	분기별(연 4회)	글로벌 대형주 중심, 시가총액 기준으로 조정

록 지수 내에서 IT 기업들이 상위 비중을 차지하고, 저무는 산업 기업들은 제외된다. 따라서 투자 지식이나 시간이 부족한 초보자도 장기 투자를 통해 수익을 낼 가능성이 커진다.

초심자라면 흔히 빠지기 쉬운 '감정의 함정' 영향에 있어서도 지수 투자는 상대적으로 자유롭다. 개별 기업만 보다 보면 주가 변동이 커질 때 감정 진폭도 커지기 일쑤다. 주가가 하락하면 '더 떨어질 것 같다'는 기분에 불안해져서 손절하거나, 주가가 오르면 공연히 들떠서 무리하게 추가매수를 할 수 있다. 이렇게 감정적으로 추가매수와 손절을 반복하다 보면 실제 시장 흐름과 반대 방향으로 움직이게 된다. 당연히 수익을 내기도 어렵다.

하지만 지수 투자는 시장 전체에 투자하는 구조다. 지수는 장기적으로 우상향하는 경향이 있는 만큼 단기적인 변동엔 신경을 덜 쓸 수 있어 심리적 압박이 적다. 시장 경험을 충분히 하지 않은 투자자라면 감정적 실수를 줄일 수 있는 방법이다.

장기투자도 지수가 유리

장기적으로 투자 성과를 내기도 좋다. 앞에서 언급한 것처럼 지수는 계속 구성 종목을 조정하면서 우량기업들만 품고 간다. 그렇다 보니 개별종목이 어떻게 되든 시장 전체는 장기적으로 오르는 경향을 보인다. 미국 대형주 500개 종목을 모은 S&P500의 경우에는 지난 50년간 연평균 약 10% 수익률을 냈다. 시장이 크게 흔들렸던 코로나19 당시를 포함해도 그렇다. 당시 항공·에너지섹터 등이 크게 내렸지만 기술섹터, 바이오·헬스케어섹터 등 다른 산업들이 성장하면서 지수 성과를 보완했다.

낮은 운용비용도 장점이다. 투자자가 전문가인 펀드매니저에게 포트폴리오를 맡기고, 알아서 리밸런싱을 거듭하면서 운용해달라고 자산을 맡길 수도 있다. 이런 방식이 '액티브펀드' 투자다. 전문가 서비스가 들어가는 만큼 지수 투자 상품인 인덱스펀드나 ETF에 비해 운용보수가 높다.

반면 지수 투자는 지수 연구원들의 '전문 서비스'가 지수에 반영되어 있더라도 개인투자자가 그 서비스에 대해 직접적인 비용을 지불하는 구조가 아니다. 최근엔 지수 상품 경쟁이 치열해지면서 오히려 운용보수가 낮아지는 추세다.

운용보수가 낮아질수록 투자 수익률을 얻기에 유리하다. 원금에 붙은 수익을 계속해서 재투자하는 '복리 효과'를 고려하면 장기 수

• 장기 우상향한 미국 S&P500지수

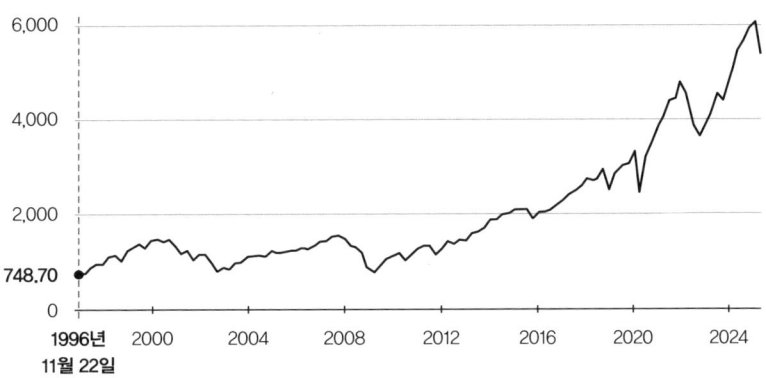

익률에 있어선 큰 차이를 낼 수 있다.

한 개인투자자가 1억 원을 투자한다고 가정해보자. 연간 운용보수 1%를 받는 액티브펀드에 10년간 투자해 매년 4% 수익률을 냈다면 10년 뒤에는 원금이 13억 4,391만 원으로 불어난다. 하지만 연간 운용보수 0.03%짜리 ETF에 10년 투자해 매년 4% 수익률을 냈다면 10년 뒤에 이 투자자는 14억 7,598만 원을 가져갈 수 있다. 투자금, 투자기간, 수익률이 동일해도 운용비용 차이가 1억 3,206만 원의 수익 격차를 낸다.

VOO·SPY·QQQ,
서학개미가 찍은 ETF들

미국 증시에 상장된 ETF들은 이름이 길어 투자자들이 기억하기 쉽지 않다. 그래서 축약된 티커명인 VOO, SPY, QQQ로 불리며 이들 ETF는 서학개미들의 대표 선택지가 되었다.

ETF의 기본 개념을 잡았다면 이제는 어떻게 투자해야 할지 감이 올 것이다. ETF 몇 개만 잘 골라도 포트폴리오를 탄탄하게 구성할 수 있다. 그렇다면 지금부터는 뭘 선정할지의 문제다. 투자자들이 가장 흔하게 투자하는 대표 지수 ETF부터 특정 섹터에 집중 투자하는 ETF까지, 실제 포트폴리오에 주로 담기는 ETF들을 알아보자.

장기 투자용으로 인기가 높은 건 시장 지수를 추종하는 ETF다. 특정 시장 전체를 사들인다. 미국주식시장은 장기적으로 우상향해왔기 때문에 안정적인 수익을 내면서 오래 투자하려는 투자자들이 선호한다.

미국 대형주 500개 종목을 모은 S&P500, M7을 비롯해 미국 기술주 중심으로 비금융 기업 100개를 모은 나스닥100, 미국 기업 중 신용도가 높고 우량한 대형 기업 30개를 모은 다우존스 산업평균지수(DJIA) 등이 가장 대표적으로 쓰인다. 좀더 범위를 넓힌다면 미국·캐나다 등 23개 선진국의 대형·중형주 1,600여 개를 모은 MSCI 월드지수 기반 ETF도 고려할 수 있다.

여기서 주의해야 할 것은 같은 지수에 투자하는 ETF가 여러 개 있고, 서로 조금씩 특성이 다르다는 점이다. ETF를 내놓은 운용사마다 ETF의 구성 방식과 운용비용 등에 차이가 있다. 장기 투자를 한다면 수익률에 큰 차이를 낼 수도 있는 대목이다. S&P500지수와 나스닥100지수에 투자하는 ETF들을 각각 알아보자.

세계 1위 ETF를 놓고 경쟁하는 SPY와 VOO

S&P500지수에 투자하는 대표적인 ETF는 뱅가드 S&P500(VOO), SPDR S&P500(SPY), 아이셰어즈 코어 S&P500(IVV) 등이 있다. 대부분 운용사 이름과 마케팅용 단어가 ETF명을 구성하고 있는 구조이며, 각 명칭을 쉽게 구분하려면 티커명을 보면 된다.

SPY와 VOO는 순자산과 시총 기준으로 세계 1위 ETF 자리를 놓고 경쟁할 정도로 투자자들의 선호가 높다. 둘 다 같은 지수를 추종하고, S&P500지수에 속한 모든 종목을 보유한다.

하지만 잘 뜯어보면 다른 점도 많다. VOO는 운용보수가 0.03%

로 상대적으로 저렴하다. 보유 종목에서 배당이 발생하면 자동으로 배당금을 재투자하는 것도 특징이다. 저비용과 복리 효과로 일단 사고 '묻어두는' 장기투자자들에게 인기가 높다.

반면 SPY는 장기 보유보다는 단기거래(트레이딩)용으로 인기가 높다. 1993년에 나와 'ETF 조상님'으로 불리며 세계 거래량 1위 ETF다. 이 때문에 호가 스프레드가 아주 좁고, 거래 체결이 빠르다. 배당은 자동으로 재투자하지 않고 분기마다 투자자 계좌로 지급한다. 이 돈을 재투자할지 결정하는 것은 투자자의 몫이다. 운용보수는 0.09%로 VOO보다 높다.

IVV는 세계 최대 자산운용사인 블랙록이 운용한다. SPY와 VOO의 특성이 섞여 있으며, 대규모 자산을 안정적으로 운용하려는 장기투자자와 기관투자가에게 인기가 있다. VOO와 마찬가지로 운용보수가 0.03%로 낮으면서도 SPY 못지않은 유동성을 갖췄다. 배당은 SPY처럼 분기마다 현금으로 지급한다.

'하이리스크 하이리턴'인 나스닥 ETF

나스닥100지수에 투자하는 ETF도 투자자들에게 인기가 많다. 나스닥100지수는 기술 섹터에 집중되어 있고 구성 종목이 상대적으로 적다 보니, 여러 섹터의 많은 기업으로 구성된 S&P500지수에 비해 변동성이 크다. 대신 전반적인 수익률도 더 높다. 나스닥에 따르면 나스닥100지수는 1985년 출범 이후 2024년까지 연평균 복리 수익률이 약 14.8%다. 같은 기간의 S&P500지수 연평균 복리 수익률(11.5%)을 웃돈다.

가장 유명한 나스닥 ETF는 단연 인베스코 QQQ ETF(QQQ)다. '기술주 트레이딩=QQQ'라는 말이 있을 정도다. SPY 다음으로 거래량이 많아 유동성이 매우 활발하다 보니 단기 트레이더들도 선호한다. 운용보수는 0.20%로 상대적으로 비싸다. 배당금은 자동 재투자 대신 현금으로 지급한다.

QQQ의 '동생' 격인 인베스코 나스닥100 ETF(QQQM)는 QQQ의 장기 투자용 버전에 가깝다. 배당 분배를 비롯해 ETF 구조는 QQQ와 거의 같지만 운용보수가 0.15%로 더 낮다. QQQ의 후속작이며 거래량은 더 적다. 대규모로 빠르게 자금을 움직이기보다는 정기적으로 조금씩 투자하는 적립식 전략에 적합하다.

디렉시온 나스닥100 동일비중 인덱스 셰어즈(QQQE)는 나스닥100 구성 종목에 투자하되, 모든 종목을 같은 비중으로 보유한다. 시가총액 가중치를 반영하는 QQQ와는 달리, 애플이든 페덱스든 똑같이 1%씩의 비중을 배정한다는 얘기다. 이렇다 보니 특정 대형주의 변동성에 크게 좌우되지 않는 것이 특징이다. 중소형주의 성과가 우수할 때는 높은 수익률을 낼 수 있지만, 특정 대형 기업 상승장에서는 QQQ에 비해 낮은 수익률을 낼 수 있다. 운용보수는 0.35%다.

• 미국 지수 추종형 주요 ETF

지수	특징	대표 ETF
S&P500	미국 대형주 시총 상위 500개 종목	SPY, VOO, IVV
나스닥100	금융업 제외 미국 대형 성장주 중심 100개 종목	QQQ, QQQM, QQQE
다우존스 산업평균지수	미국 대형 30개 기업	DJIA
MSCI World Index	23개 선진국의 대형·중형주 1,600여 개 종목	ACWI

특정 산업이나 테마에 투자하는 테마형 ETF도 많다. 어떤 섹터가 성장 사이클에 있을 때 개별종목을 일일이 고르지 않고도 산업 전체 성과를 추종할 수 있는 것이 특징이다.

반도체 ETF 중에는 아이셰어즈 세미컨덕터 ETF(SOXX)가 대표적이다. ICE 반도체 지수의 일일 변동률을 추종한다. 엔비디아, TSMC, 브로드컴, 퀄컴, ASML 등 글로벌 반도체 기업에 투자한다. 반도체 산업 특성상 사이클 변동성을 크게 타는 편이다.

미국과 중국 간 갈등 등 지정학적 리스크에도 민감하다. 반에크 벡터스 세미컨덕터 ETF(SMH)는 SOXX에 비해 투자 종목 수가 적고 엔비디아를 비롯한 상위 종목에 집중도가 더 높다. SOXX와 SMH 모두 운용보수 0.35%를 받는다.

경기 하강기에 방어 역할을 하면서도 구조적 성장 가능성이 있는

• 경기 사이클마다 달라지는 주도 테마

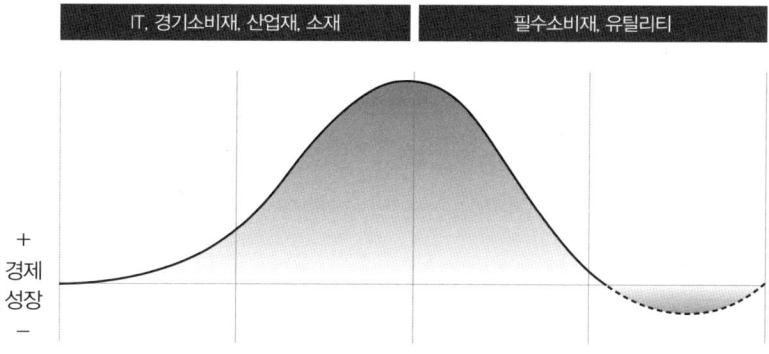

헬스케어 섹터에서는 헬스케어 셀렉트 섹터 SPDR 펀드(XLV)가 유명하다. 제약·바이오·의료기기 등 헬스케어 분야 전반에 투자하는 것이 특징이다. 존슨앤드존슨, 화이자, 애브비, 유나이티드헬스그룹 등의 대형주에 주로 투자한다. 의약품은 경기가 둔화해도 수요가 확 꺾이기 어렵다 보니 경기로 인한 시장 변동성 영향을 상대적으로 덜 받는다. 다만 약값 정책이나 규제 정책 등에는 상당한 영향을 받는다.

뱅가드 헬스케어(VHT)는 헬스케어 분야 대형주뿐 아니라 중소형주까지 400여 개 기업에 투자한다. 투자 분산이 넓기 때문에 장기적으로 성장 잠재력이 있는 중소기업들의 성장세에도 베팅할 수 있는 것이 특징이다. XLV와 VHT 모두 운용보수는 0.10% 수준으로 낮은 편이다.

전통적 '방어 섹터'인 필수소비재 분야 ETF로는 컨슈머 스테이플 즈 셀렉트 섹터 SPDR 펀드(XLP) 등이 있다. 코카콜라, P&G, 월마트 등 식음료·생활용품·슈퍼마켓 기업에 투자한다. 이들 기업은 사람이 먹고, 쓰고, 생활하는 소비를 기반으로 영업하는 만큼 경기 침체기에 버팀목 역할을 하는 것이 특징이다.

곱버스 넘어
세 배까지도 투자한다

지수 상승에 확신이 있다면 레버리지 ETF를 활용하는 것도 나름의 방법이다. 하지만 지수가 하락하면 손실이 그만큼 커지므로 레버리지 ETF는 신중한 접근이 필요하다.

투자를 하다 보면 '빨리 감기'를 하고 싶을 때가 있다. 상승을 확신하는 섹터에 대해 포트폴리오에 더 빠르게 상승률을 반영하고 싶어지는 것이다. 반대로 어떤 섹터가 하락할 것이라는 예상이 강하게 든다면 단순히 그 섹터에 투자하지 않는 것이 아니라 하락에 베팅해 수익을 내고 싶을 수 있다. 이럴 때 활용할 수 있는 것이 레버리지 ETF와 인버스 ETF다. 단, 제대로 알아보지 않고 무작정 '탑승'했다가는 오히려 역효과를 볼 수 있으니 주의해야 한다.

레버리지 ETF는 특정 지수나 자산의 일일 수익률을 2배 혹은 그 이상으로 추종하는 ETF다. 단순히 1대 1로 따라가는 것이 아니라 지렛대 효과를 활용해 수익과 손실 양쪽을 증폭시킬 수 있다는 점에서 '레버리지'라는 이름이 붙었다. 추종 지수가 1% 상승할 경우, 이

지수에 대한 2배 레버리지 ETF의 수익률은 2%만큼 상승하는 식이다. 반대로 지수가 하락하면 2배로 손실이 나기 때문에 고위험·고수익 투자상품이다.

레버리지 ETF는 '곱하기 수익률'을 내기 위해 설계된다. ETF가 현물 주식(본주)에만 투자해서는 이 같은 수익률을 낼 수 없다. 그래서 선물이나 스와프 계약 등 파생상품을 활용해 지수를 추종한다. '하루 수익률'의 배수를 맞추는 것이 목표이기 때문에 복잡한 금융공학 구조를 활용해 매일 포트폴리오를 재정비한다. 만약 전날 기초지수가 5% 상승했다면 당일 3배 레버리지 ETF의 수익률은 15%가 된다. 다음날에도 일일 3배 효과를 주려면 파생상품을 추가로 매수해야 한다. 레버리지 ETF는 이런 식으로 전날 장에서 바뀐 자산 가치를 반영해 선물 등 투자 자산의 비중을 매일 다시 맞춘다. 이 과정을 '일일 리밸런싱'이라고 한다.

복리효과도 계산해야

레버리지 ETF의 일일 리밸런싱 구조를 투자자들이 알아야 하는 이유는 하나다. 이 과정에서 복리 효과가 작용해 누적수익률이 왜곡되어서다. 여기서 말하는 복리는 우리가 흔히 기대하는 '장기 복리 수익'이 아니다. 시장 방향성이 뚜렷하지 않은 구간에서는 오히려 이 복리 효과가 수익률을 왜곡하거나 깎아먹는 요인이 될 수 있다.

일단 평탄한 상승장에서는 복리 효과가 수익을 높인다. 한 투자자가 S&P500지수의 3배 레버리지 ETF를 사들였고, S&P500지수가 5거래일간 매일 1%씩 오른 경우, 3배 레버리지 ETF의 예상수익률은 단순히 15%(1%*3배*5일)로 누적되는 것이 아니다. 실제 누적수익률은 15.93%(((1+0.03)^5)-1)가 된다.

이렇게만 보면 레버리지 ETF 매수 버튼에 손이 나가기 쉽다. 하지만 대부분의 경우 시장은 등락을 거듭한다. 지수가 오르락내리락 하는 경우도 예로 들어보자. 지수가 5거래일간 최종적으로는 5% 올랐지만, 첫날 10% 올랐다가 둘째 날에 전날 상승분을 그대로 반납하고 셋째 날과 넷째 날엔 변동이 없다가 마지막 날에 5% 오른 경우에, 이 지수의 최종 수익률은 5%가 된다. 3배 레버리지 ETF의 수익률은 이 기간 수익률의 3배인 15%가 아니라 8.73%에 그친다. 지수 등락에 따라 비중을 조정하는 과정에서 수익과 손실이 교차되었기 때문이다.

등락이 더 심했다면 레버리지 효과가 오히려 독이 될 수 있다. 결국 지수는 올랐더라도 그렇다. 지수 수익률이 100 → 105 → 100 → 105 → 100 → 105로 움직였을 때를 생각해보자. 이 기간 리밸런싱 과정에서 3배 레버리지 ETF의 수익률은 100 → 115 → 80.5 → 92.58 → 67.51 → 77.63으로 첫 거래일에 비해 무려 22.4% 깎인다. 단순히 '지수가 5거래일 내엔 결국 오르겠지 뭐'라는 방향성 확신만

가지고는 수익을 낼 수 없다는 얘기다. 시장이 별다른 방향성 없이 변동성만 크다면 레버리지 ETF는 수익률을 그냥 까먹기만 할 수도 있다.

이 때문에 레버리지 ETF는 '짧게 치고 빠지는' 투자 전략이 유리하다. 단기 방향성과 변동성 정도에 확신이 있다면 분명 장점이 크다. 적은 자본금으로도 단기간에 높은 수익을 낼 수 있는 것이다. 급등 모멘텀을 잘 노려 활용하면 말 그대로 '수익률 빨리 감기'를 할 수 있는 강력한 무기가 된다.

하지만 장기 보유할 경우엔 지수 등락폭에 따라 수익률 성과가 왜곡된다. 급락장에선 타격도 크다. 레버리지 배율만큼 손실이 커지기 때문이다. 비용 부담도 고려해야 한다. 레버리지 ETF는 구성이 복잡해 운용보수가 통상적인 지수형 ETF보다 높다.

섹터 하락을 예상한다면 기초지수의 반대 방향으로 베팅하는 인버스 ETF로 돈을 벌 수도 있다. 인버스 ETF는 말 그대로 기초지수의 일일 수익률을 역으로 추종한다.

인버스 ETF로 공매도 투자

인버스 ETF는 주가가 내릴 때 수익을 내는 구조라서 하락장에서도 돈을 벌 수 있는 방법으로 꼽힌다. 이를 활용해 리스크 헤지(손실 회

• 인버스 ETF를 활용한 주요 기술주 실적 발표 리스트 헤지 예시

시나리오	엔비디아 수익	SOXS 수익	전체 수익
주가 급락(-10%)	-1,000달러	+990달러	-10달러
주가 보합(0%)	0달러	0달러	0달러
주가 급등(+10%)	+1,000달러	-990달러	+10달러

피) 전략도 세울 수 있다. AI 기업의 실적 발표를 앞두고 시장 반응을 예상하기 어려울 경우, 관련 기업을 주로 담은 인버스 ETF를 일부 사들여 급락 리스크를 회피하는 식이다.

복잡한 공매도 거래를 하지 않고도 '숏 포지션'이 생긴다는 것도 인버스 ETF의 장점이다. 반도체 시장 업황 하락이 예상되는데 주가가 이를 아직 반영하지 못해 지나치게 과열되었다고 본다면 ICE 반도체지수를 역으로 추종하는 인버스 ETF를 사면 된다. 주식을 빌려 공매도하기 위해 신용계좌를 따로 열거나 대차 비용을 지불할 필요 없이 반도체 주식 가격 하락에 따라 수익을 낼 수 있다.

인버스 ETF도 레버리지 ETF와 마찬가지로 일일 리밸런싱을 거친다는 점은 유의해야 한다. 별 생각 없이 일단 사둔 채 '시장이 언젠가는 내릴 것'이라며 오래 기다렸다가는 지수가 출렁이는 사이에 원금이 녹아내릴 수 있다.

지수 역추종을 곱절로 해 '곱버스 ETF'로 통하는 레버리지 인버스 ETF의 경우엔 더욱 그렇다. 급락장에선 단기간에 적은 투자금으

로 큰 수익을 안겨줄 수 있지만, 장이 지지부진할 경우에는 변동성이 원금까지 갉아먹을 수 있다. 따라서 전략적으로 명확한 기준을 세워 짧게 활용해야 한다.

국내 개인투자자들도 레버리지·인버스 ETF를 적극 활용하고 있다. 대표적인 것이 디렉시온 데일리 세미컨덕터 불 3X(SOXL)다. 이 ETF는 미국 필라델피아 반도체지수(PHLX) 하루 수익률의 3배 수익을 얻는다. SOXL의 반대 방향으로 투자하는 디렉시온 데일리 세미컨덕터 베어3X(SOXS)의 경우는 반대로, 지수가 하락할 때 3배 수익을 얻는다.

나스닥100지수를 두고는 지수를 3배로 추종하는 프로셰어즈 울트라프로 QQQ(TQQQ), 같은 배율로 역추종하는 프로셰어즈 울트라프로 숏QQQ(SQQQ)가 있다. TQQQ는 당일 나스닥지수가 오르면 3배 수익을 얻고, 내리면 3배 손실을 본다. SQQQ는 이와 반대로 움직인다.

개별 기업에 대한 레버리지·인버스 ETF도 있다. 종목 방향성에 강한 확신이 있을 때 빠르게 수익을 노릴 수 있는 것이 특징이다. 하루 수익률 변동이 큰 편인 테슬라 관련 ETF들이 대표적이다. 디렉

인버스 ETF	곱버스 ETF	레버리지 ETF
추종 지수 하락에 베팅하는 ETF	추종 지수 하락에 배수로 베팅하는 ETF	추종 지수 상승에 배수로 베팅하는 ETF

시온 데일리 테슬라 불 2배 셰어즈(TSLL)는 테슬라의 하루 수익률을 2배로 따라간다. 티렉스 2배 롱 테슬라 데일리타겟(TSLT)도 마찬가지다. 반면 티렉스 2배 인버스 데일리 타겟(TSLZ)은 테슬라 주가가 내릴 때 그날 하락률의 2배 수익을 추구한다.

세금·거래비용·환헤지, ETF 선택 시 체크 포인트

해외 ETF는 해외 주식과 함께 손익통산이 가능하다. 다만 해외 주식·ETF에서 발생한 금융소득은 매년 5월 종합소득세 신고 기간에 양도소득세를 별도로 신고·납부해야 한다.

많은 사람들이 ETF를 고를 때 구성 종목과 관련 산업 리포트, 운용보수 등을 따진다. 하지만 실제로 나의 투자 수익률을 결정짓는 변수는 그보다 더 많다. 세금, 거래비용, 분배금 처리 방식, 환율 리스크 방어 여부 등이 대표적이다. 이런 요소는 중장기적으로 투자 성적표를 바꿀 수 있어 꼼꼼히 따져야 한다.

세금과 환율은 경우에 따라 최종 수익률을 10% 단위로 흔들 수 있다. 먼저 세금부터 알아보자. 당장은 뚜렷하게 보이지 않더라도 수익을 가장 크게 흔들 수 있는 요소다. 미국 등 해외 상장 ETF에 부과되는 세금은 여러 가지가 있다. 일단 해외 ETF에 직접투자하면 매매차익에 양도소득세 22%가 붙는다. 차익 연 250만 원 한도까지는 세금을 떼지 않고, 초과 부분에 대해서만 분리과세한다.

국내 상장 미국 ETF는 금융소득종합세 대상

해외 ETF 매매차익엔 분리과세를 적용하기 때문에 금융소득종합세(금소세) 대상에 포함되지 않는다. 금소세는 투자자가 주식, 채권, ETF, 예금 등에 투자해 얻은 총 수익이 2천만 원을 넘겼을 때 추가로 내야 하는 세금이다. 금소세 세율은 근로·사업소득을 비롯한 전체 소득을 바탕으로 따지기 때문에 투자자마다 다르다. 최고세율은 49.5%(지방세 포함)로, 수익의 거의 절반에 달할 수 있다. 반면 국내에 상장한 해외 지수 ETF의 경우에는 매매차익이 금소세 대상에 포함된다.

해외 ETF는 각 ETF와 해외 주식을 통틀어 손익통산을 할 수 있다는 것도 장점이다. S&P500지수를 추종하는 ETF를 매도해 1천만 원 이익을 보고, 엔비디아 주식은 800만 원만큼 '손절'한 투자자라면 둘을 합친 총 매매차익이 200만 원이 되고 ETF 차익에 대해 세금을 내지 않아도 된다.

해외 주식과 해외 ETF를 투자해 얻은 금융소득은 매년 5월 종합

• **해외 상장지수펀드(ETF)에 대한 과세 방식**

	매매차익	분배금	세율
해외 상장 ETF	양도소득세 (1년 단위 과세)	배당소득세	• 양도소득세율 22%(기본 공제 250만 원) • 배당소득세율 15.4%

소득세 확정 신고기간에 양도소득세를 별도로 신고·납부해야 한다는 점도 유의하자. 이 시기에 신고를 누락할 경우엔 이후 가산세가 부과된다.

미국 상장 ETF를 보유해 받은 배당소득에 대해서도 세금이 붙는다. 분배금이 지급될 때마다 미국 세법에 따라 15%가 원천징수된다. ETF 주식에서 받은 배당금이 투자자에게 전달되기 전에 미국에서 세금이 먼저 떼이는 만큼 실제 수령액이 기대보다 적을 수 있다는 얘기다. 이 과정은 자동으로 이뤄지기 때문에 투자자가 별도로 세금을 신고할 필요는 없다.

2025년부터는 해외 상장 ETF를 개인종합자산관리계좌(ISA)·개인연금저축계좌 등 '절세계좌'로 보유할 때 받던 세제 혜택이 줄어들었다. 기존에는 미국에서 원천징수한 세금을 국세청이 일부 돌려줬지만, 이제는 해외에서 세금이 떼이면 그만큼이 그대로 확정된다.

'환노출, 환헤지'를 잘 따져봐야

환율도 중요한 요소가 된다. 해외 상장 ETF에 투자하면 기본적으로 환율에 대한 리스크가 따른다. 투자한 미국 ETF 수익률이 똑같이 오르더라도 달러가 강세인지, 약세인지에 따라 내 통장의 수익률은 크게 차이가 날 수 있다. 미국주식이나 ETF를 살 때에는 환율이 낮을

수록, 팔 때에는 환율이 높을수록 유리하다. 환율이 낮으면 같은 원화로 더 많은 달러를 바꿀 수 있다. 반면 투자 포지션을 매도할 때는 환율이 높아야 달러를 다시 원화로 환전할 경우 더 많은 원화를 받을 수 있다.

ETF를 통해 환율 리스크를 관리하는 방법은 크게 두 가지, 환노출형과 환헤지형으로 나뉜다. 환노출형 ETF는 환율 흐름을 ETF에 그대로 반영한다. 달러 강세장에선 환차익을 추가로 기대할 수 있다. 하지만 원화에 비해 달러 가치가 낮아지는 경우에는 투자 대상의 가치가 올라가더라도 수익률이 환율 하락분만큼 줄어든다.

미국 대표지수형 ETF에 장기 투자한다면 환노출형이 더 유리하다. 대표지수 ETF에 투자한다는 것 자체가 미국 경제의 장기 성장성에 베팅하는 셈이기 때문이다. 달러는 단기적으로는 강세와 약세를 반복하지만 장기적 가치는 미국 경제 성장과 함께 오른다.

환헤지형 ETF는 원화 대비 투자국가의 통화(미국이라면 달러) 가치를 사실상 고정시켜 환율 변동 영향을 제거한 상품이다. ETF 이름 뒤에 (H)가 붙는다면 환헤지형이라고 보면 된다. 기초자산이 오르고 있다면 달러 변동성이 클 때도 환율로 인한 손해를 보지 않고 수익률 변동성을 줄일 수 있다.

다만 이런 상품은 환헤지 과정에서 추가 비용이 발생한다. 통상적으로 양국 간 기준금리 차이만큼의 비용이 붙는다. 또 환율이 투자자에게 유리하게 움직였더라도 환차익을 반영할 수 없다.

• ETF 투자 시 환율 기본 전략

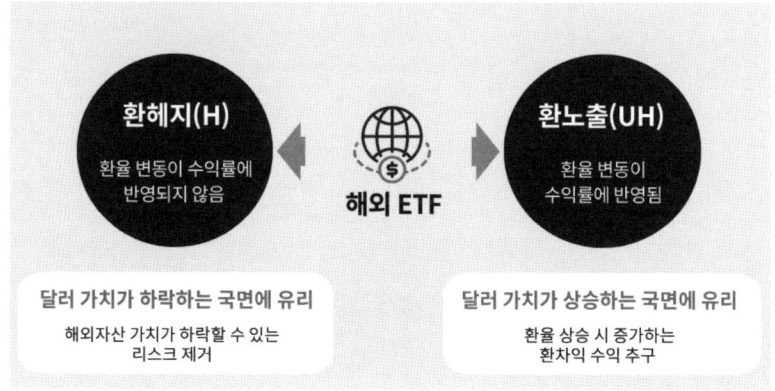

출처: 미래에셋자산운용

　미국 ETF에 투자할 때 환노출형과 환헤지형 중 무엇을 선택하는지에 따라 수익률이 확 차이가 날 수 있다. 투자 대상 자산이 10% 오른 경우를 생각해보자. 달러 대비 원화 환율이 1,400원에서 1,200원으로 14.3% 하락할 경우, 환노출형 ETF는 환손실을 반영해 실제 수익률이 -4.3%로 '마이너스'가 된다. 반면 환헤지형 ETF는 환손실 없이 10% 수익을 볼 수 있다.

　반대로 달러 대비 원화 환율이 1,200원에서 1,400원으로 16.7% 상승할 경우를 생각해보자. 이 경우 환노출형 ETF는 환차익 효과로 투자 수익률이 26.7%로 크게 늘어난다. 반면 환헤지형 ETF는 환율 상승의 이득을 누리지 못해 수익률이 10%에 그친다.

　분배금 구조도 조용히 수익을 흔들 수 있는 요소다. 분배금을 현금으로 지급하는 ETF에 투자할 경우에는 투자자가 분배금을 다시 재투자할지, 보유할지 스스로 결정해야 한다. 현금 분배금을 재투자하려면 별도로 매수 거래를 해야 하기 때문에 소액이라도 거래 수수료나 환전 비용이 추가로 발생한다. 미국 상장 ETF는 분배금이 달러로 지급되기 때문에, 수령 시점의 환율에 따라서도 원화 기준 수익이 달라질 수 있다.

ETF를 고를 때는 비용도 확인해야 한다. ETF를 보유하는 동안 드는 비용은 상품 가격에 녹아 있어 투자자가 별도로 납부하지는 않는 구조다. 운용보수와 관리비 등 비용은 매일 ETF의 순자산가치(NAV)에서 자동으로 차감된다. 이 때문에 투자자는 비용을 직접 체감하지 못하지만, 시간이 지나면서 수익률에 차이를 낼 수 있다.

미국 상장 ETF의 경우엔 상품 설명서 중 총보수(Expense Ratio) 부분이 이들 비용을 뜻한다. 총보수는 운용보수, 회계관리비, 지수사용료 같은 고정비를 모두 포함한 수치다.

장기 투자에서는 총보수 차이가 복리 효과로 벌어진다. 총보수가 0.03%인 ETF와 0.5%인 ETF는 처음엔 비슷해 보여도, 10년 이상 투자하면 최종 수익률은 수십만 원에서 수백만 원까지 차이가 날 수 있다. 같은 지수를 추종하는 ETF라면, 총보수가 낮은 쪽이 기본적으로 유리하다.

숨은 비용도 있다. ETF가 포트폴리오를 리밸런싱(재조정)할 때 발생하는 매매비용, 유동성이 낮을 때 체결 가격에서 손해를 보는 간접 비용 등은 총보수에 공식적으로는 포함되지 않는다. 이런 비용은 통상 크지는 않지만, 리밸런싱이 잦은 테마형 ETF나 거래량이 적은 ETF의 경우에는 상대적으로 수익률에 영향을 줄 수 있다.

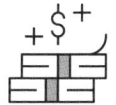

지금까지 미국주식 투자에 필요한 배경과 기본기를 살펴봤다면, 남은 과제는 실제 포트폴리오를 짜는 일이다. 어떤 종목과 ETF를 어느 비중으로 담느냐에 따라 성과와 위험은 크게 달라진다. 주식과 채권의 균형, 성장주와 배당주의 조화, 미국과 신흥국의 분산은 장기투자의 안정성을 높인다. 투자자의 나이, 투자 기간, 위험 성향에 따라 최적의 답도 달라질 수 있다. 6장에서는 실전 포트폴리오 설계 방법을 구체적으로 살펴본다.

PART
6

실전 미국
포트폴리오 짜기

거인의 어깨에
올라타자

어떤 미국주식을 사야 할지 막막하다면 '거인'인 투자 고수들의 포트폴리오를 참고하는 것도 좋은 전략이 된다. 특히 13F 공시는 거인의 선택을 엿볼 수 있는 대표적인 자료다.

'오마하의 현인'인 버크셔해서웨이의 회장 워런 버핏은 주식시장을 "스트라이크가 없는 야구와 같다"고 했다. 조급함을 버리고 '좋은 공'이 올 때를 기다려 방망이를 휘두르라는 의미다.

하지만 미국주식에 처음 투자하는 초보자들은 좋은 공을 고르는 것부터 어려움을 겪기 마련이다. 잘나가는 테슬라, 엔비디아, 마이크로소프트 등에 투자하자니 '상투'를 잡는 게 아닌가 걱정된다. 쉐브론, 월마트, 코카콜라 등 전통의 강자들을 사자니 유행에 뒤처지는 것만 같다. 그럴 때는 고수들의 포트폴리오를 참고해 투자하는 것도 좋은 전략이다. 인터넷을 통해 고수들의 펀드 구성 종목을 커닝하고 편출·편입 종목을 관찰해 포트폴리오에 반영한다면 보다 안정적인 수익을 얻을 수 있을 것이다.

1년에 네 번 필수로 확인

가장 먼저 워런 버핏의 포트폴리오부터 확인해보자. 그의 투자 포트폴리오는 전 세계 투자자들의 큰 관심거리다. 버크셔해서웨이가 특정 종목을 대량 매입하거나 매도하면 관련 기사가 쏟아지고 투자자들 사이에서 화제가 된다.

그런데 우리는 어떻게 버핏의 포트폴리오를 확인할 수 있는 걸까. 바로 미국 증권거래위원회(SEC)의 13F(운용자산 1억 달러 이상 기관의 분기별 투자보고서) 공시를 통해 알 수 있다. 정식 명칭은 'Form 13F'인데 줄여서 13F라고 부른다. 13F는 1975년 증권거래위원회가 도입했다. 투자 기관 및 대규모 투자자의 운용 정보를 공개하고 시장의 투명성을 높이려는 취지에서 만들어졌다.

이를 통해 1년에 네 번, 버핏 외에 다른 월가 전설들의 투자 포트폴리오도 엿볼 수 있다. 13F 공시에는 투자 기관이 지난 분기에 보유하고 있던 주식의 종목뿐 아니라 보유 비중, 총가치 등이 상세히 기재되어 있다.

13F는 미국 증권거래위원회의 '에드가(EDGAR)'라는 전자공시시스템에서 확인할 수 있다. 한국의 금융감독원 전자공시시스템인 '다트(DART)'와 같은 곳이다. 13F를 조금 더 간단한 양식으로 정리해서 보여주는 사이트 웨일위즈덤(whalewisdom.com)도 활용하면 좋다.

애플 비중 줄이는 버크셔해서웨이

개인투자자들은 크게 두 가지 측면에서 13F를 활용할 수 있다. 우선 기관의 포트폴리오 변화를 통해 거시경제를 바라보는 대가들의 인사이트를 엿보는 것이다. 어떤 주식의 보유 비중이 가장 높은지, 지난 분기에 비해 주식·채권·현금 비중은 어떻게 달라졌는지, 투자 비중을 낮추거나 높인 국가가 있는지 등을 살펴보면 대가들이 생각하는 거시 경제 흐름을 유추해볼 수 있다.

버크셔해서웨이는 최근 최대 보유 종목인 애플 주식 수를 꾸준히 줄이고 있다. 2024년 11월에 공개한 분기 공시에 따르면 애플 주식 수를 직전 분기 4억 주에서 3억 주로 25% 줄였다. 현금 보유량을 늘린 점도 눈에 띈다. 뱅크오브아메리카의 비중은 4개 분기 연속으로 낮췄고, 화장품 유통업체 울타뷰티 주식은 보유량의 96.59%를 팔아치운 것으로 나타났다.

차익 실현을 늘리며 버크셔해서웨이의 현금 보유량은 3,250억 달러로 늘었다. 사상 최대치다. 그만큼 미국주식시장의 밸류에이션(실적 대비 주가수준)이 비싸다고 판단해 보수적으로 포트폴리오를 조정한 것으로 해석된다.

무조건 맹신해선 안 돼

13F 공시는 개인투자자들이 포트폴리오 전략을 짜는 데 매우 유용한 자료다. 버크셔해서웨이뿐 아니라, 빌 애크먼의 퍼싱스퀘어 캐피털, 테슬라에 장기투자해 엄청난 수익을 낸 베일리 기포드, 영화 '빅쇼트'의 실제 주인공 마이클 버리가 이끄는 사이언에셋매니지먼트 등의 주식 포트폴리오를 13F에서 확인할 수 있다.

다만 유의해야 할 점도 있다. 13F는 분기 말 이후 45일 이내에 보고서를 공시한다. 예를 들어 1분기 13F는 5월 15일까지 제출하면 된다. 따라서 실시간 매수·매도 현황은 아니며, 포트폴리오를 공개한 시점에는 투자 종목이 달라질 수 있는 것이다.

또 13F는 미국주식시장에 상장된 종목, 상장지수펀드(ETF), 전환사채, 옵션 등에 대해서만 공시 의무가 있다. 미국 외에 다른 국가에 상장한 주식, 채권 등의 내역은 알 수 없다는 얘기다. 투자한 목적도 정확하게 알 수 없다. 회사의 장기 성장가능성을 보고 투자했을 수도 있지만, 다른 리스크를 줄이기 위한 헤지(hedge) 수단으로 매수했을 수도 있는 것이다.

따라서 참고자료로만 활용해야 하며 무조건 따라해선 안된다. 한 기관의 포트폴리오에 너무 기대기보다 다양한 투자 기관들의 움직임을 파악해 섹터별 전망과 트렌드를 살펴보는 것이 바람직하다.

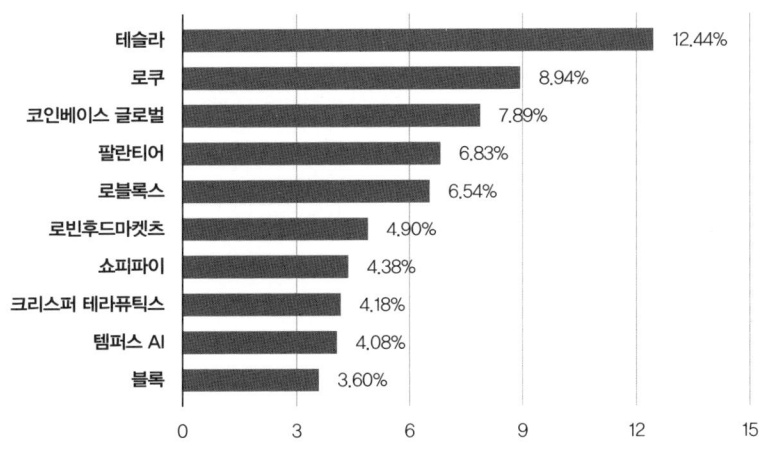

돈나무 누나(언니)는 무엇을 샀을까?

미국주식과 ETF에 관심이 많은 투자자라면 '아크 인베스트(Ark invest)'라는 이름을 한번쯤 들어봤을 것이다. 최고 경영자 캐시 우드는 국내 투자자들 사이에서 '돈나무 언니/누나'라는 애칭으로도 불린다. 우드가 이끄는 아크 인베스트는 아무도 관심을 갖지 않았던 테슬라에 선제적으로 투자했고 큰 성공을 거두면서 해외뿐 아니라 국내에서도 큰 화제가 되었다.

  일부 미국주식 투자고수들은 아크 인베스트의 포트폴리오를 참고하면서 투자 종목의 비중을 조절한다. 아크 인베스트의 투자 종목과 비중은 홈페이지에서 간단하게 확인할 수 있다. 인터넷을 이용해 아크 인베스트 홈페이지로 이동한 뒤 ETFs 메뉴에서 ETF 이름을 클릭하면 맨 아래에 각 ETF별 TOP 10 편입 종목을 볼 수 있다.

아크 인베스트의 ETF 중 우리가 확인할 필요가 있는 ETF는 펀드 매니저가 직접 종목을 조절하는 액티브형 ETF다. 패시브형 ETF는 S&P500, 나스닥 등 지수를 기계적으로 추종하는 펀드이기 때문에 무시해도 좋다.

아크 인베스트는 총 7개의 ETF를 운용하고 있다. 그중 시가총액이 가장 큰 ARKK는 아크 인베스트의 대표 투자 종목을 종합적으로 모아놓은 ETF다. 2024년 말 기준으로 테슬라를 가장 높은 비중(12.44%)으로 담고 있었으며 미국의 스트리밍 서비스 플랫폼 업체 로쿠(8.94%)를 2위로 편입했다. 그 다음은 코인베이스 글로벌(7.89%), 팔란티어(6.83%), 로블록스(6.54%), 로빈후드 마켓츠(4.90%), 쇼피파이(4.38%), 크리스퍼 테라퓨틱스(4.18%), 템퍼스 AI(4.08%), 블록(3.60%) 등의 순이다.

ARKQ는 로봇과 자동화 기업, ARKW는 차세대 인터넷, ARXX는 우주항공 분야에 중점적으로 투자하는 ETF다.

이처럼 아크 인베스트가 현재 투자하고 있는 종목, 새로 편입·편출한 종목들을 확인해보고 유망하다고 생각되는 종목을 골라 투자할 수 있다.

배당 킹 모아
월세 달력 만들기

미국 기업들은 한국 기업에 비해 배당을 많이, 그리고 자주 지급한다. 미국 증시의 배당주를 꾸준히 모아가면 매달 월세처럼 배당을 받는 전략을 세울 수 있다.

서울 대기업에 다니는 서모 씨(43)의 꿈은 '월세의 왕'이었다. 아파트, 오피스텔, 상가 등 부동산을 보유해 은퇴 후 따박따박 월세를 받는 것이 그의 노후 플랜. 하지만 4년 전 투자했던 상가는 현재 공실 상태다. 이제 와서 아파트를 여러 채 보유하자니 종합부동산세, 취득세, 양도세 등 세금폭탄이 두렵다.

그는 작년부터 미국 배당주 투자로 눈을 돌렸다. 상장사 대부분이 1년에 한 번만 배당하는 한국과 달리 미국은 분기 배당이 보편적이어서 매달 꾸준한 현금창출이 가능하다는 것을 깨달았다. 매년 들어오는 배당을 꾸준히 재투자하면 복리 효과로 원금을 불릴 수도 있다. 미국 배당주에 잘 투자하는 것만으로도 매달 월세 받는 효과를 얻을 수 있다. 안전자산인 달러 기반이므로 투자 안정성도 높다.

• 배당왕/배당귀족, 배당주의 지속 성장 그래프

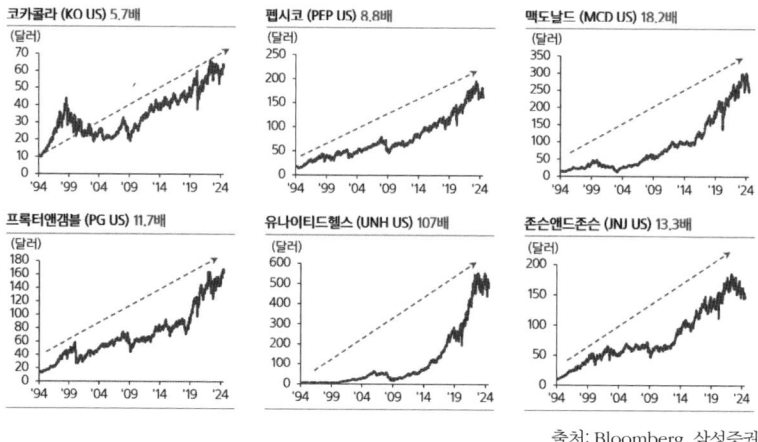

출처: Bloomberg, 삼성증권

제2의 월급통장 만들기

미국 배당주와 ETF를 활용하면 월세처럼 '제2의 월급통장'을 만들 수 있다. 이것이 가능한 이유는 세계에서 가장 발달한 자본시장을 이끌어온 주주친화적인 기업이 많기 때문이다. 돈을 벌면 곳간에 쌓아놓기보다 주주들에 나눠주는 것이 증권가의 상식처럼 자리 잡았다. 미국의 지난 10년 평균 주주환원율은 92%로 전 세계에서 가장 높았다. 한국(29%)의 3배가 넘는다.

미국은 50년 넘게 배당금을 인상해온 회사가 49곳에 달한다. 같은 기간 배당을 꾸준히 늘려온 한국 기업은 없다. 기축통화인 달러

• 나만의 월 배당 포트폴리오 구축(대표 배당주 리스트 예시)

지급주기	종목명	티커	시가총액 (십억 달러)	배당수익률 (%, 12M)	배당 성향*(%)	배당 증액 기간(년)
1·4·7·10	필립모리스	PM	163.2	5.0	83	15
2·5·8·11	애플	AAPL	3,489.6	0.4	15	12
	프록터앤갬블	PM	390.7	2.3	58	68
	코스트코	COST	375.3	0.7	26	19
3·6·9·12	일라이릴리	LLY	887.8	0.6	38	9
	브로드컴	AVGO	794.1	1.2	44	13
	맥도날드	MCD	183.7	2.8	53	47
4·7·10·12	코카콜라	KO	271.8	3.1	69	62

*참고: 2024.7.11 종가 기준 출처: Bloomberg, 삼성증권

자산을 보유할 수 있다는 점도 투자 포인트다. 미국 달러는 원화에 비해 경기침체, 금융위기 등 위기에 덜 흔들리는 경향이 있다.

상장사 대부분이 1년에 한 번 배당하는 한국과 달리 미국은 분기 배당이 보편적이다. 이를 활용하면 배당 달력을 짤 수 있다. S&P500 상장사 중 약 80%는 3개월 단위로 1년에 네 번 배당금을 준다. 예를 들어 1·4·7·10월에 배당하는 기업, 2·5·8·11월에 배당하는 기업, 3·6·9·12월에 배당하는 기업을 매수하고, 배당 지급일이 서로 다른 월 배당 ETF 세 가지를 섞어 포트폴리오를 짜면 거의 매달 배당금을 받을 수 있다. 이 배당금을 재투자하면 복리 효과도 기대할 수 있

• 배당 킹, 배당 귀족 등을 활용한 배당달력 예시

출처: 각 사 공시, 삼성증권

다. 꾸준한 현금 흐름을 창출하면서 리스크는 분산되는 것이다.

미국에서는 이런 배당투자자를 위한 '배당계급 표'도 마련되어 있다. 50년 이상 꾸준히 배당한 기업인 '배당 킹'에는 워런 버핏이 투자한 것으로 유명한 코카콜라를 비롯해 3M, 존슨앤드존슨, P&G 등이 있다. 25년 이상 배당한 '배당 귀족'은 AT&T, 엑슨모빌, 시스코 등이다. 10년 이상 배당한 '배당 챔피언'으로는 스타벅스, 베스트바이, 프랭클린리소스 등이 꼽힌다.

배당성취자들을 활용한 젊은 포트폴리오

배당주 종목을 선택할 때 반드시 체크해야 할 점은 신뢰할 수 있는 배당 히스토리, 배당을 지속할 수 있는 산업경쟁력, 배당수익과 시세차익, 두 마리 토끼를 잡을 타이밍 등이다.

배당 킹과 배당 귀족은 배당을 해온 시간이 긴 만큼 기업의 역사도 길다. 그래서 식음료 등의 전통산업에 속한 상장사가 많고 다소 고리타분하다는 느낌을 준다. 하지만 배당주 중에서도 혁신적이고 젊은 기업들이 많다. 미국 증시에서는 '성취자들(Achivers)'로 꼽히는 배당주들이 떠오르고 있다. 성취자들에 속하는 종목은 약 250개다. 배당 킹이나 배당 귀족보다 분포되어 있는 업종 폭도 넓다. 배당 킹부터 배당성취자까지 포트폴리오를 다양하게 구성하면 배당투자자라 할지라도 최근 트렌드에 부합하는 투자를 할 수 있을 것이다.

최근에는 애플, 마이크로소프트, 알파벳 등 빅테크 기업들도 배당을 꾸준하게 늘리고 있어서 테크주로 배당주 포트폴리오를 짜는 것도 좋은 선택이다. 꾸준한 주가 상승으로 시세차익과 함께 배당까지 '두 마리 토끼'를 노릴 수 있다.

예를 들어 마이크로소프트, 브로드컴, 일라이릴리, 화이자, 코카콜라, 펩시코, 필립모리스 등으로 포트폴리오를 구성할 수 있다. 아직 배당성향이 낮지만 중장기 성장이 기대되는 주식(마이크로소프트, 브로드컴, 일라이릴리)과 전통적인 배당주(코카콜라, 펩시코, 화이자, 필립모리스)

로 균형을 맞췄다. 배당으로만 연 3~4% 수익을 기대할 수 있는 포트폴리오다.

배당주에 투자할 때 주의해야 할 점은 같은 업종으로만 포트폴리오를 짜면 안 된다는 것이다. 만약 담고 있는 배당주가 모두 에너지 인프라 관련 기업이라면 코로나19 때처럼 국제유가가 급락할 경우에 내 포트폴리오는 새파랗게 물들 것이다. 주가가 50% 떨어지면 아무리 배당을 많이 받아봐야 위로가 되지 않을 것이다.

포트폴리오를 직접 짜는 것이 어렵다면 ETF로 투자하는 방법도 있다. 미국 배당주를 모은 '슈와브US디비던드 에쿼티(SCHD)' 'JP모건 에쿼티 프리미엄 인컴(JEPI)' 등이 배당달력 전략에 활용할 수 있는 ETF로 꼽힌다.

미국주식 투자, 최적의 타이밍은?

미국주식은 장기적으로 꾸준히 우상향해왔다. 이에 전문가들은 주가가 떨어지는 하락장을 기다리기보다 적립식 투자를 꾸준히 이어가는 편이 바람직하다고 조언한다.

미국주식시장의 장기수익률이 우수하다는 것은 대부분의 투자자들이 알고 있다. 전 세계 주식시장에서 미국 증시가 갖는 대표성, 인공지능(AI)·전기차·양자컴퓨팅 등 미래 산업을 주도하는 혁신기업들, 기축통화인 달러화가 가진 위력, 주주친화적인 기업문화와 전 세계 최고 수준의 배당 등 미국주식시장이 매력적이라는 점에서는 이견의 여지가 없을 것이다.

하지만 많은 사람들은 아직도 투자를 망설인다. 고민의 내용은 비슷할 것 같다. '지금이 최고점일지 모르는데 들어가도 괜찮을까' '내가 사고 나서 떨어지면 어떡할까'

증시 격언 중에 '무릎에서 사서 어깨에서 판다'는 이야기가 있다. 주가가 바닥을 치고 반등할 때 사서 최고점을 찍기 전에 팔라는 이야기다. 이 같은 관점에서 보면 사상 최고치를 수시로 갈아치우는 미국 S&P500과 나스닥지수에 투자할 경우 '어깨에서 사는 것'도 아닌 '상투를 잡는 것'만 같다. 과연 우리는 언제, 어느 시점에 미국주식에 진입해야 할까.

적립식 투자가 이긴다

해외주식 전문운용사로 꼽히는 미래에셋자산운용은 1982년부터 2022년까지 미국주식시장을 기반으로 최적의 투자 타이밍을 시뮬레이션했다. 그동안 블랙먼데이, 쿠웨이트 전쟁, 닷컴버블 붕괴, 글로벌 금융위기, 코로나19 등과 같은 굵직한 사건들이 증시를 뒤흔들었지만 미국 증시는 하락장을 이겨내고 꾸준히 우상향하는 모습을 보여왔다.

3명의 투자자 김 씨, 이 씨, 박 씨가 각각 전혀 다른 타이밍에 S&P500지수에 투자했다고 가정하자. 세 사람 모두 1982년부터 매달 200달러의 투자자금을 운용한다. 투자를 하지 않고 대기할 경우 연 3%의 은행예금에 예치한다. 김 씨, 이 씨, 박 씨 세 사람의 투자 타이밍은 다음 페이지에 나오는 사례와 같다.

세 사람의 투자결과는 어땠을까? 직관적으로 생각하면 투자자금을 안정적인 은행 예금에 넣어두고 따박따박 연 3%의 안정적인 이

> 김 씨(매번 최고점에서 투자): 김 씨는 매달 200달러를 연이율 3% 은행 계좌에 넣었다. 그 이후 8년간 저축했고 1987년 블랙먼데이 최고점에 그동안 모은 전액을 투자했다. 시장이 폭락했지만 그는 자산을 계속 보유했고 이후로도 네 번의 폭락장 직전의 최고점에서 투자했다.
>
> 이 씨(매번 최저점에서 투자): 이 씨도 연이율 3%의 저축 계좌에 돈을 모았다. 그는 다섯 번의 폭락장 동안 전부 최저점에서 그동안 모은 돈을 모두 집어넣었다. 그도 한 번 매수한 뒤로는 매도하지 않고 계속 포지션을 보유했다.
>
> 박 씨(매달 기계적으로 적립식 투자): 박 씨는 시장을 예측하지 않고 매달 기계적으로 적립식 투자를 했다. 따로 저축은 하지 않았으며 증권 계좌를 개설한 뒤로 매월 200달러어치씩 꾸준히 매수했다. 매달 자동매수를 걸어놓고 이후 계좌를 열어보지 않았다.

자를 받다가 최고의 타이밍마다 투자를 집행한 이 씨가 가장 많은 돈을 벌었을 것 같다. 하지만 결과는 상식을 뒤엎는다. 시장 상황에 상관없이 기계적으로 적립식 투자한 박 씨가 가장 높은 수익을 거둔 것이다.

박 씨는 최고의 순간이 아니더라도, 주식시장이 반등하는 순간에도 계속 이 씨 이상의 수익을 내고 있었다. 좋은 자산을 꾸준히 오래 모아가는 것이 가장 중요하다는 사실을 보여주는 시뮬레이션이라고 할 수 있다. 실제 미국의 연금 백만장자들은 대부분 이런 방식으로 투자해 부자가 되었다.

• **40년 후 투자 결과**

> 투자금: 96,000달러
>
> 김 씨(최악의 타이밍 투자): 764,200달러
> 이 씨(최고의 타이밍 투자): 1,128,332달러
> 박 씨(적립식 투자): 1,366,329달러

또 한 가지 놀라운 사실은 최악의 타이밍에 투자했던 김 씨조차도 약 800%의 높은 수익률을 거뒀다는 것이다. 타이밍이 좋지 않더라도 좋은 자산에 장기 투자하는 것, 그 자체가 중요하다는 것을 알 수 있다.

이 시뮬레이션을 통해 투자자들이 기억해야 할 포인트는 두 가지로 압축된다. 첫째, 최고의 투자타이밍은 최대한 일찍, 그리고 자주 투자하는 것이란 점이다. 둘째, 아무리 좋지 않은 타이밍이라도 좋은 자산에 투자하는 것이 현금을 그대로 들고 있는 것보다는 더 나은 수익률을 보여준다는 것이다.

과거의 성과가 앞으로도 반복된다는 보장은 없지만, 미국 시장에 투자할 시점을 망설이는 투자자라면 위 시뮬레이션을 참고해볼 만할 것이다.

온갖 위기들을 이겨낸 미국 증시의 회복력

미국 증시의 역사를 돌아보면 경제대공황, 블랙먼데이, 닷컴버블 붕괴, 글로벌 금융위기, 코로나19 등 대위기를 겪고도 강력한 회복력을 보였음을 알 수 있다. 1929년 경제대공황 이후 S&P500지수의 조정장 진입은 56회였으며, 이 가운데 39%(22회)가 약세장(최대 낙폭 20% 이상)으로 이어졌다.

약세장으로 이어지지 않는 조정장의 평균 최대 낙폭은 13.8%였지만, 약세장으로 이어질 경우에는 35.6%였다. 조정장은 하락장의 일종으로, 최대 낙폭(MDD)이 10% 이상인 경우를 의미한다.

2008년 이후 S&P500지수는 조정장에 진입한 후 1년 내에 반등하는 경우가 대부분이었다. 최근 15차례의 조정장 상황에서 1년 뒤 S&P500지수가 하락했던 경우는 2008년 6월 26일(-28.4%)과 2022년 2월 22일(-7.3%), 단 두 번에 그쳤다. 최근의 조정장 진입일인 2023년 10월 27일 이후 1년이 지난 시점에서는 S&P500지수가 41.1% 상승했다.

미국의 전설적인 투자자인 워런 버핏은 본인이 버크셔를 인수한 뒤로 "회사에 근본적인 문제가 없는데도 주가가 매우 짧은 기간에 반토막 난 일이 세 번이나 있었다"면서 "시장이 하락할 경우 겁먹고, 시장이 오를 때 흥분하는 사람이라면 주식시장은 참여하기에 끔찍한 곳이다. 특별히 비판하려는 의도는 아니고 사람들이 감정이 있다는 것을 알지만, 감정이 투자를 좌우하도록 해서는 안 된다"고 말했다. 급락장이 오더라도 감정에 치우치지 말고 그 시간을 인내할 수 있다면 좋은 결실을 기대할 수 있다는 얘기다.

주식과 채권의
균형은 필수다

미국 국채는 대표적인 안전자산으로, 시장의 불확실성이 커질 때 투자자들에게 버팀목이 된다. 주식과 채권을 적절히 섞어야 포트폴리오의 안정성과 수익성을 동시에 지킬 수 있다.

미국 시장이 아무리 좋아도 전체 포트폴리오를 주식으로만 구성할 수는 없다. 퇴직연금 계좌는 주식 등 위험자산에는 70% 한도로 투자하고, 나머지 30%는 채권을 비롯한 안전자산으로 채워야 한다. 또 지난 10년간은 금리가 낮아 채권 투자의 인기가 없었지만, 최근 경기 침체 가능성이 커지면서 채권 투자에 대한 관심이 높아졌다.

국채 투자자라면 거시경제 이해해야

미국에 투자할 수 있는 채권 상품은 크게 국채와 회사채로 나뉜다. 국채투자에서 가장 중요한 것은 거시경제와 경기 사이클을 이해하는 것이다. 기준금리에 따라 채권 수익률이 좌우되기 때문에 이를 결정하는 미국 중앙은행(Fed)을 주시해야 하고, 인플레이션 지표도 눈여겨봐야 한다.

다소 어려울 것 같지만 오히려 주식보다 간편할 수 있다. 채권은 주식처럼 변동성이 크지 않고 Fed는 완화나 긴축으로 방향을 한번 정하면 통상 2~3년은 이를 바꾸지 않기 때문이다. 그래서 미 국채 10년물 수익률은 3개월/12개월 이동평균선 안에서 70% 이상 움직인다. 금리 인하 사이클만 제대로 맞혀도 채권을 보유한 투자자들은 편안하게 돈을 벌 수 있다.

국채에 투자할 적기는 Fed가 완화적인 통화정책으로 돌아서는 시점이다. 기준금리가 내려가면 그만큼 채권 수익률이 높아지기 때문이다.

기준금리의 방향은 다양한 거시지표들을 통해 유추할 수 있다. 글로벌 투자은행(IB) 골드만삭스, 시티은행, 노무라증권, 웰스파고 등은 매년 초 Fed가 금리를 연내 몇 차례 인상 또는 인하할 것인지 보고서를 내놓는다. 미국 노동부가 매달 발표하는 소비자물가지수(CPI)와 상무부가 내놓는 개인소비지출(PCE) 가격지수도 채권투자자라면 눈여겨봐야 할 지표다.

미국 국채투자는 상장지수펀드(ETF)를 통해 간편하게 할 수 있다. 가장 유명한 미국 국채 ETF로는 20년 이상의 장기 국채를 취급하는 '아이셰어즈 만기 20년 이상 미 국채(TLT)'가 있다. 국내에 상장된

ETF 중에는 'ACE 미국30년국채액티브(H)' 'KODEX 미국30년국채액티브(H)' 등이 있다.

단기물 ETF도 있다. 1~3년 만기 미 국채에 투자하는 '뱅가드 단기채(VGSH)', 1년 미만으로 만기가 짧은 미 국채를 담은 '아이셰어즈 단기채(SHV)' 등이 대표적 상품이다.

인플레이션 장기화 땐 물가연동채권 주목

인플레이션도 주의해야 할 요소다. 2024년부터 인플레이션이 장기화되자 Fed는 금리인하 시점을 계속 미루고 있다. 이 같은 상황에서 수혜를 볼 수 있는 상품을 찾는다면 물가가 오르면 수익이 나는 물가연동채권 ETF도 고려해볼 만하다. 물가연동채권은 CPI로 측정된 물가상승률만큼 원금과 이자를 조정해준다. 예를 들어 이율이 연 1%인 물가연동채권을 1천만 원어치 보유할 경우, 물가가 5% 오르면 원금은 1,050만 원이 된다. 이자도 1,050만 원의 1%인 10만 5천 원으로 늘어난다.

단기 물가연동채 ETF는 듀레이션(투자 회수 기간)이 짧아 금리 민감도는 낮으면서 물가 상승 리스크를 방어할 수 있다. 미국 증시에 상장된 '뱅가드 단기물가채(VTIP)'와 '아이셰어즈 0-5년물 물가연동채(STIP)' 등이 대표적이다.

회사채는 기업의 펀더멘털을 같이 봐야

회사채는 국채보다 봐야 할 요소가 많다. 회사채도 채권의 일종이기 때문에 금리와 거시지표를 우선적으로 이해해야 한다. 더불어 기업의 경영 상황도 주시해야 한다. 회사채는 발행한 기업의 실적이 나빠지면 가격이 내려간다. 이익을 제대로 내지 못하거나 경영이 악화되면 국채와 스프레드(수익률 차이)가 벌어지고 자연히 투자 매력도 잃게 된다.

다만 우량한 회사들이 발행하는 AAA나 AA 등급 회사채는 수익률이 낮아서 인기가 없다. 국채 수익률과 별반 차이가 없기 때문에, 시장에서는 수익률도 괜찮고 안정성도 어느 정도 보장되는 BBB등급에 주목한다. BBB는 투자등급 중에 가장 낮고 투기등급 바로 위에 있는 등급이다.

현재 미국 기업의 절반 이상은 BBB등급이다. 우리에게 익숙한 인텔, 브로드컴, GM, AT&T, 버라이즌 등이 BBB등급에 해당된다.

투자등급 채권에 투자하는 대표적인 상품으로는 '아이셰어즈 미국 어그리게이트 채권 ETF(AGG)'가 있다. 수익률이 약간 낮긴 하지만 방어적 특성을 가졌기 때문에 한국인이 좋아하는 미국 채권 ETF 5위 안에 늘 들어간다. 월배당을 실시하고 있으며 배당수익률은 약 3.5~3.7% 수준이다.

시장이 공포에 질렸다면 하이일드 채권

채권 상품 중에서도 주식 못지않게 높은 수익률을 추구하는 고위험 상품도 있다. 대표적인 것이 바로 고위험 채권에 투자하는 하이일드 펀드다.

미국 하이일드 펀드는 신용등급이 낮은 회사채(BB+ 이하)에 주로 투자한다. 미국의 다양한 선순위 담보 하이일드 채권에 분산하는 전략이다. 일반 채권형 펀드보다 위험도는 높지만, 상대적으로 높은 수익률을 기대할 수 있다.

하이일드 펀드는 경기 침체기 이후 빠르게 반등하는 경향이 있다. 다만 경기 침체가 장기화하면서 도산하는 기업이 많아지면 당초 기대한 수익을 받기 어렵다는 단점도 있다.

전문가들이 추천하는 하이일드 ETF로는 HYBB, SDHY 등이 있

• **대표적인 미국 채권 ETF**

ETF명	운용사	투자자산
TLT	블랙록	20년 이상 장기 미 국채
VGSH	뱅가드	1~3년 만기 미 국채
AGG	블랙록	미국 투자등급채권
HYG	블랙록	BB, B 등급 채권
HYBB	블랙록	BB 등급 채권

다. BB등급 채권만 편입하기 때문에 가격이 내려가더라도 발행기업이 파산하지 않으면 다시 회복될 수 있다. 그 사이 7~8%대의 쿠폰을 받으면서 버티는 것이다. 전문가들은 시장이 공포에 질린 시기가 하이일드 채권에 투자할 최적의 타이밍이라고 본다.

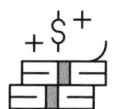

많은 사람들이 연금계좌를 단순한 노후 대비 수단으로만 생각한다. 하지만 연금계좌는 미국 증시에 투자할 수 있는 훌륭한 통로이자 강력한 세제 혜택을 제공하는 무기다. 세금을 아끼면서 장기 복리의 힘을 극대화할 수 있다는 점에서 연금투자는 일반 계좌로 하는 투자와 차원이 다르다. 특히 ETF를 활용하면 안정적이면서도 성장 잠재력이 높은 미국 시장에 쉽게 접근할 수 있다. 7장에서는 잠자고 있는 연금계좌를 깨워 미국 투자로 연결하는 구체적인 방법을 소개한다.

PART 7

잠자는 연금계좌를 깨워보자

연금 백만장자가
넘치는 미국

투자를 시작할 큰돈이 수중에 없다면 우선 자신의 연금계좌부터 활용하는 것이 좋다. 연금을 통해 미국 증시에 투자하면 시세차익과 함께 세제 혜택까지 동시에 누릴 수 있다.

퇴직연금은 '복리의 마법'이 가장 잘 작동하는 금융시장이다. 가령 연평균 5% 수익률로 월 75만 원씩 투자하면 30년 후 6억 1,414만 원으로 불어난다. 여기서 연평균 수익률이 1%포인트만 높아져도 1억 2,050만 원이 더 늘어난다.

이처럼 퇴직연금 투자의 가장 큰 장점이 복리로 늘어나는 수익률인 만큼 조금이라도 일찍 퇴직연금 투자에 나서는 것이 유리하다. 하지만 대부분의 직장인들은 퇴직연금 투자에 관심이 없어 사실상 방치하고 있는 것이 현실이다. 퇴직연금을 방치하면 은퇴 시기에 적게는 수백만 원에서 많게는 수억 원까지 노후자금 격차가 벌어지기 때문에 퇴직연금에 대한 관심이 무엇보다 중요하다.

예적금하느라 퇴직연금 방치하는 한국

실제로 미국에서는 최근 10년간 퇴직연금의 수익률이 연평균 8%에 달해 50만 명이 넘는 직장인이 연금 백만장자로 은퇴하고 있다. 미국 자산운용사 피델리티에 따르면 2024년 3분기 기준, 미국의 연금 백만장자는 54만 4천 명으로 사상 최고치를 기록했다.

미국 노동부와 자산운용협회 등에 따르면 확정기여(DC)형 퇴직연금인 401K의 10년간(2013~2022년) 연평균 수익률은 7.79%였다. 평범한 직장인이 월 80만 원씩 30년간 투자한다면 11억 원을 갖고 은퇴할 수 있는 수준이다. 미국 직장인들의 노후 대비에서 401K가 핵심 역할을 맡고 있다는 평가가 나오는 배경이다.

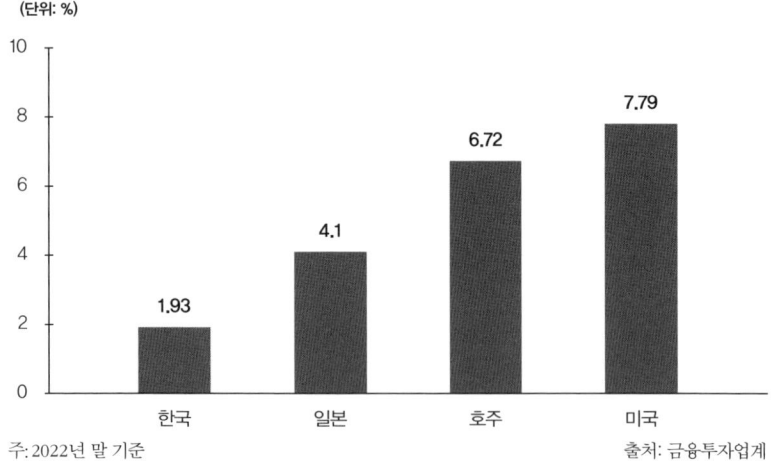

• 주요국 퇴직연금 10년 연평균 수익률

주: 2022년 말 기준
출처: 금융투자업계

반면 10년간 한국 퇴직연금의 연 환산 수익률은 1.93%였다. 물가 상승률(2024년 기준 2.3%)에도 미치지 못한다. 이 수익률로 월 80만 원씩 퇴직연금을 30년간 운용하면 손에 쥐는 돈은 3억 8,932만 원에 그친다. 미국(11억 원)과 비교해 3배 가까이 차이가 나는 셈이다.

한국과 미국의 퇴직연금 수익률이 벌어진 이유는 한국의 경우, 퇴직연금 적립금의 80%를 예·적금 등 원리금 보장형 상품에 방치하고 있기 때문이다. 미국 자산운용협회에 따르면 한국과 달리 미국은 2022년 말 기준으로 미국 401K 연금 자산의 71%가 주식에 투자되었다. 20대 가입자의 주식 비중이 89.5%로 가장 높았으며 60대도 57%에 달했다.

미국 퇴직연금 운용사 티로프라이스의 수딥토 바네르지 은퇴연구

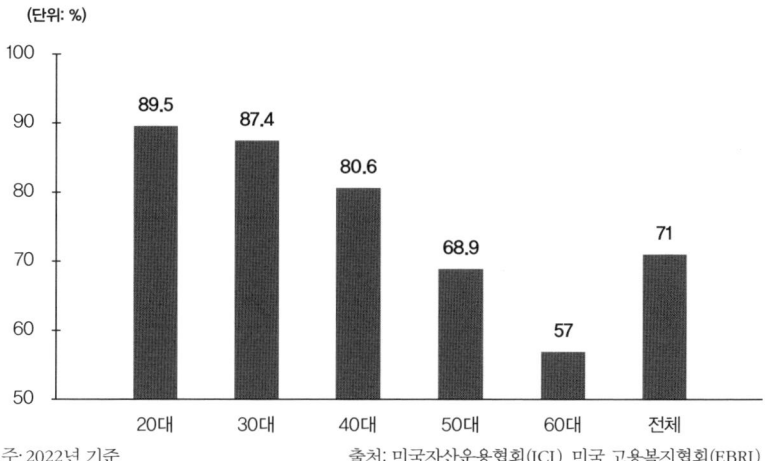

• 연령대별 401K 총 주식 비중

디렉터는 "연금 투자의 핵심은 장기투자이기 때문에 증시의 단기간 급등락은 큰 문제가 되지 않는다"면서, "꾸준히 미국 증시가 우상향하면서 연금이 복리로 불어났고 누구나 백만장자로 은퇴할 수 있다는 믿음이 자리 잡았다"고 말했다.

미국에선 TDF가 대세

그렇다면 '연금 백만장자'의 나라, 미국에서는 어떻게 퇴직연금 투자를 하고 있을까. 일찌감치 타깃데이트펀드(TDF)가 대표적인 퇴직연금 상품으로 자리 잡았다. 투자자의 은퇴 시점을 고려해 생애주기별로 자산을 배분해주는 데다 수익률도 높아 퇴직연금 성장에 중추적인 역할을 했다는 평가다.

미국 퇴직연금 401K 가입자 중 TDF 투자자는 2022년 말 기준으로 68%에 달했다. 401K 자산에서 TDF가 차지하는 비중도 2016년 22%에서 2025년 41%까지 늘었다. 미국 자산운용사 뱅가드에 따르면 뱅가드 고객의 401K 디폴트옵션 98%는 TDF로 설정되어 있다. 대부분의 직장인의 노후를 TDF가 책임질 만큼 인기를 끌고 있다.

TDF는 가입자가 스스로 포트폴리오를 짜야 하는 기존 연금상품과 달리, 은퇴 시점을 정해주면 자동 자산 배분 프로그램이 자산별 비중을 조정해준다. 청년기에는 성장주와 고수익 채권 등에 자산을

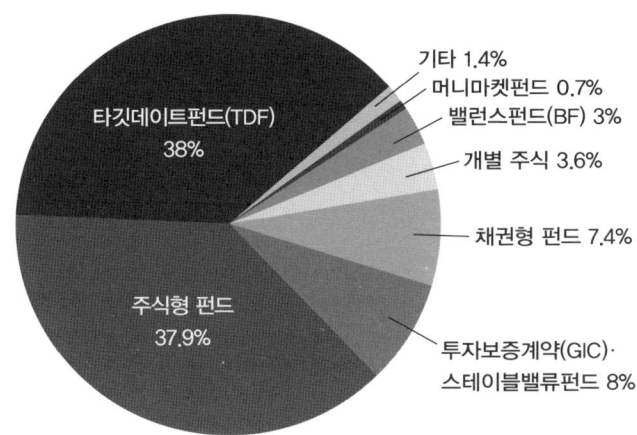

집중해 수익률을 끌어올리고, 은퇴 시기가 가까워지면 배당주와 국채 비중을 높여 안정적인 수익을 추구하는 식이다.

높은 주식 비중으로 인한 높은 수익률도 인기 요인으로 꼽힌다. 운용자산 1조 6,300억 달러(약 2,278조 원)의 미국 3대 TDF 운용사인 티로프라이스의 2050 TDF(은퇴시점을 2050년으로 잡은 TDF)를 분석한 결과, 주식 비중은 90%를 웃돌았다. 미국주식 65.51%, 해외 주식(미국 이외) 30.63%로 총 주식 비중이 96.14%다. 이 가운데 기술주 비중도 22.79%에 달했다. 나머지는 미국 채권과 해외 채권, 현금 등으로 포트폴리오가 구성되었다. 2024년 말 기준, 10년간 연평균 수익률은 9.4%에 달했으며 2025년의 수익률도 14.6%에 이른다.

특히 TDF는 주식, 채권 등 자산배분을 통해 변동성을 낮췄기 때문에 수익률에 일희일비하지 않는 장기투자가 가능하다는 것이 장점으로 꼽힌다. 장기투자의 종착점까지 가는 길은 순탄하지만은 않다. 장기 우상향하는 종목이나 상품에 투자해도 하락장이 오기 마련이고, 계좌에 '-30%' 파란불이 들어오면 팔지 않고 견뎌내는 것이 쉽지 않기 때문이다. 특히 투자자들은 손실을 원금 대비 손실이 아닌 고점 대비 손실로 인식하는 경향이 있기 때문에 심적 고통이 더 크다.

실제로 미국 대표지수인 나스닥100지수는 2008년 이후로 17년 동안 약 10배 뛰었다. 그런데 구체적으로 들여다보면 2009년 금융위기로 고점 대비 수익률은 -49.4%로 반토막 난다. 이후로도 코로나19, 금리 인상에 따른 조정으로 인해 고점 대비 수익률은 -20~-30%에 달했다. 이러한 과정을 모두 버텨야 비로소 높은 수익률을 낼 수 있는 것이다.

바네르지 디렉터는 "퇴직연금을 직접 운용하는 투자자들과 달리 TDF 투자자들은 자산이 적절하게 배분되어 있다는 것을 알기 때문에 시황에 따라 일희일비하지 않는다"고 말했다.

국내에서도 TDF가 높은 수익률을 내며 대표적인 퇴직연금 투자상품으로 자리 잡고 있다. 국내 TDF 설정액은 10조 원을 돌파했다. 변동성이 큰 장세에서도 두 자릿수에 달하는 수익률을 올리자 연금 계좌를 통해 자금이 꾸준히 유입되고 있다. 수익률 상위권에 오른

TDF들은 주로 미국 증시를 기반으로 효율적인 자산 배분을 통해 좋은 성적을 거뒀다.

퇴직연금에서는 개별 주식은 구매할 수 없다. ETF 등으로 직접투자할 수 있지만 스스로 포트폴리오를 짜기 어렵다면 TDF를 고려해볼 만하다.

미국이 아닌
다른 나라에 투자한다면?

포트폴리오를 오직 미국주식만으로 채우는 것은 자칫 위험할 수 있다. 인도, 베트남 같은 신흥국에도 자산을 적절히 배분하면 성장성과 분산효과를 동시에 노릴 수 있다.

지금까지는 미국 중심으로 투자를 알아봤다. 하지만 자산 배분 관점에선 미국이 아닌 다른 국가에도 눈을 돌려볼 만하다. 모든 자산을 한 나라, 하나의 경제 구조에만 걸어두기보다는 리스크를 여러 곳으로 분배하는 것이 안전하기 때문이다.

인구, 내수 시장, 글로벌 공급망 재편 등 구조적으로 성장하고 있는 국가를 포트폴리오에 담으면 미국주식과 ETF만으로는 충족되지 못하는 '지역 분산'과 '성장성'이라는 두 가지 축을 채울 수 있다. 인도와 베트남 등이 대표적이다. 하지만 이들 국가 증시의 개별종목에 직접투자하기는 쉽지 않다. 외국인 등록 절차뿐만 아니라 각종 투자 규제, 세금 문제 등이 있기 때문이다. 이때 ETF를 통한 투자를 고려해볼 수 있다.

'포스트 차이나'로 떠오른 인도

인도는 최근 수년간 글로벌 투자자 사이에서 '포스트 차이나' 대표 주자로 떠오른 국가다. 14억 인구가 구성한 내수 시장, 빠르게 성장하는 중산층, 개발에 속도를 내는 정치 구조 등을 갖추고 있기 때문이다.

게다가 인도는 '세계의 공장' 역할도 늘리고 있다. 미국과 중국 간 무역 갈등으로 글로벌 기업들이 중국 이외의 지역에 공급 기지를 마련하는 '차이나+1' 전략의 대표적인 수혜지다. 애플, 구글, 삼성전자, 현대차 등도 인도에서 현지 생산기지를 키우고 있다. 그 이유는 공용어 중 영어가 포함되어 있고, 육로로는 중국과 맞닿아 있으며, 해상으로는 호르무즈 해협과 말라카 해협과 가까워 물류 접근성이 좋기 때문이다.

이 같은 추세는 통계로도 나타난다. 인도는 빠른 속도로 글로벌 밸류체인(GVC) 안에서 자취를 키우고 있다. 인도의 GVC 관련 무역액은 2007년부터 2022년까지 382% 급증했다. 같은 기간 중국(259%), 브라질(203%), 멕시코(189%) 등 신흥시장 국가들에 비해 월등히 높은 수치다. 외국인 직접투자(FDI) 유입도 꾸준히 늘고 있다. 2024년 기준 819억 4천만 달러로, 2012년(340억 6천만 달러)에 비해 140% 넘게 증가했다.

• **고성장중인 인도 경제**

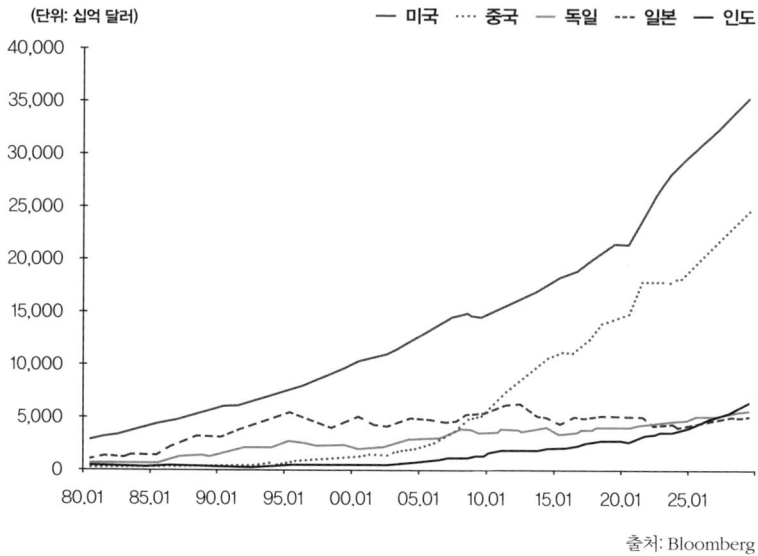

출처: Bloomberg

인도는 미국처럼 빅테크 주도가 아니라 내수소비 중심의 경제라는 점도 포트폴리오 다각화에 도움이 될 수 있다. 2023년 기준, 인도의 민간 소비 비중은 국내총생산(GDP)의 60.5%에 달한다. 수출은 GDP 대비 12.4% 수준에 그친다. 수출 의존도가 낮다는 건 대외 변수에 상대적으로 덜 민감하다는 의미다. 최근 강화 기조인 각국 간 보호무역 기조 리스크에 상대적으로 면역력이 있다는 얘기다.

미국 시장에는 인도에 투자하는 ETF 여러 개가 상장되어 있다. 대표적인 것이 아이셰어즈의 MSCI 인도 ETF(INDA)다. 미국 상장 인도 ETF 중 자산 규모가 가장 크다. 인도 증시에 상장된 대형주와 중형주 160여 개에 투자한다. 금융(29%), 소비재(12%), IT(10%) 등 인도 산업 구조 핵심 업종을 담고 있다.

아이셰어즈 S&P 인도 니프티50 ETF(INDY)는 인도 대표 주가지수인 니프티50을 추종한다. 니프티50은 인도 상장사 중 시가총액이 큰 대형주이면서 유동성이 높은 종목으로 구성된다. 금융, IT, 에너지, 소비재 업종의 비중이 높다.

성장성에 집중적으로 베팅하는 ETF도 있다. 아이셰어즈 MSCI 인도 스몰캡 ETF(SMIN)는 인도 증시의 소형주에 투자한다. 인도 내 시가총액 하위 14%에 해당하는 기업들을 포괄하다 보니 금융을 비롯해 산업재, 경기소비재, 헬스케어 등 내수 관련 기업들이 많이 포함되어 있다. 반에크 인도 그로스리더스(GLIN) ETF는 인도 핵심 산업인 IT, 금융, 소비재 중심 ETF다.

베트남, 젊은 인구가 강점

베트남도 성장 시장으로 주목받고 있다. 중국에서 빠져나오는 제조 기능을 일부 흡수하면서 제조업 허브로 입지를 키우고 있다. 전자, 섬유, 가구 산업이 미국·유럽에 대한 수출 비중이 높아 공급망 재편의 수혜를 받는다.

인구 구성도 강점이다. 인구는 1억 명에 달하고, 인구 평균 연령은 30대 초반으로 청년층 비중이 높다. 노동인구가 풍부하고, 경제 활동을 할 수 있는 인구가 대다수인 만큼 내수 시장 성장 가능성이 높다는 평가를 받는다. 이 덕분에 도시화와 디지털 전환 흐름도 빠르게 이뤄지고 있다.

외국인 직접투자(FDI)도 활발한 편이다. 베트남은 해외 자본 유치에 적극적이다. 정부가 나서서 산업 환경을 조성하고 정책 지원을 확대하는 식이다. 이런 움직임 덕분에 베트남은 2024년에 경제성장률 7.09%를 기록했다. 코로나19 이전 고도성장기인 2010년부터

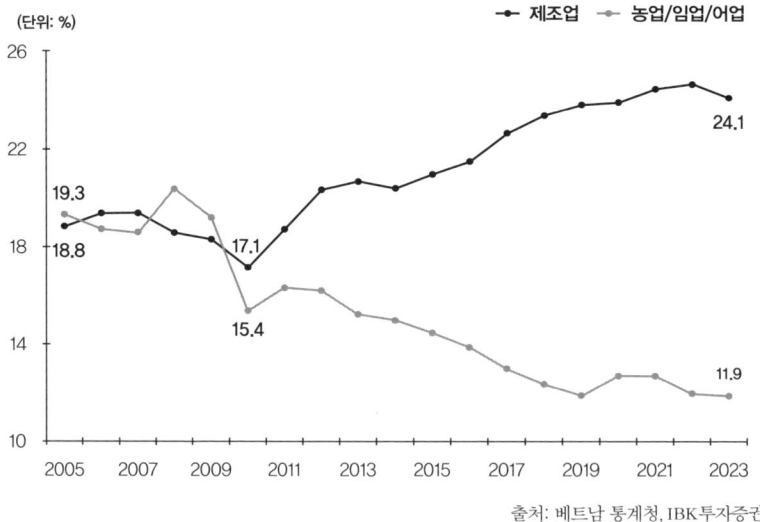

• 빠르게 산업화중인 베트남

출처: 베트남 통계청, IBK투자증권

2019년까지의 성장률(약 5.5~7.5%)과 비슷한 수준이다.

다만 신흥국인 만큼 불안정한 요소도 많다. 외국인 투자 제약이 여럿 있고, 환율 안정성이나 증시 유동성 등이 성숙 시장에 비해 떨어진다. 따라서 투자도 단기 차익보다는 장기 분산 관점에서 접근하는 것이 바람직하다. 미국에 상장된 베트남 투자 대표 상품은 반에크 베트남 ETF(VNM)다. 베트남 상장 기업이나, 다른 나라에 상장되어 있더라도 베트남에서 매출 비중의 50% 이상을 내는 기업들에 투자한다.

신흥국에 투자하는 ETF는 미국 등 선진국 상장사를 담은 ETF와 다른 점이 많다. 신흥국 ETF는 거래량이 많지 않아 호가 스프레드가 넓은 경우가 많다. 내가 당장 팔고 싶을 때 팔고 싶은 가격에 거래가 체결되지 않으면 그만큼 수익률 손해를 볼 수 있다.

미국 달러와 현지통화 간 환율 변동도 수익률에 영향을 미칠 수 있다. 한국 투자자라면 원화와 달러, 달러와 루피 등을 함께 고려해야 한다는 얘기다.

투자자가 예상치 못한 변수가 발생할 가능성도 상대적으로 높다. 우선 정치·세금·법규 등이 달라질 수 있다. 공식 규정과 정부의 감독 등 바깥에서 이뤄지는 '비공식 경제'의 비중도 선진국 대비 높다. 신흥시장에 투자할 때의 최대 리스크인 성장률 둔화 가능성도 무시할 수 없다. 성장률이 세계 평균보다 높더라도 그 상태가 유지되지 않으면 외국인 투자가 빠져나가기 십상이다.

즉 인도와 베트남 ETF는 단기 수익을 노리는 선택은 아니다. 이들 신흥국 시장은 보다 큰 성장 잠재력을 반영하는 보완 포트폴리오에 가깝다. 전체의 5~10% 수준으로만 편입해도 미국 시장과는 다른 방향으로 움직일 수 있는 가능성이 있는 것이다. 미국 시장이 흔들릴 때 신흥국이 오르거나, 장기적으로 신흥국이 구조적 성장세를 타면서 초과 수익을 만들 수 있다.

연금계좌에 넣으면 좋은
ETF TOP 10

국내 증시에는 다양한 미국주식형 ETF가 상장되어 있다. S&P500, 나스닥 등 대표지수를 추종하는 ETF뿐 아니라 펀드매니저가 적극적으로 종목을 피킹하는 액티브 ETF도 있다.

최근 미국주식형 상장지수펀드(ETF)를 활용해 적극적으로 퇴직연금 계좌를 굴리는 젊은 직장인들이 늘고 있다. 하지만 아직도 본인의 퇴직연금 계좌의 존재 자체를 모르거나 원금 보장형 상품에 방치하는 사람들도 많다. 전문가들은 "퇴직연금 계좌는 절세 혜택까지 있기 때문에 적극적으로 활용해야 한다"고 입을 모은다.

연금에서 투자할 수 있는 주식 관련 상품은 크게 펀드와 ETF가 있다. 개별 주식 투자는 할 수 없고 간접투자만 가능하다. 일반 펀드와 비교할 때 ETF의 장점은 수수료가 저렴하다는 것이다. 연금처럼 오래 장기투자하는 상품일수록 운용보수가 수익률에 미치는 영향이 그만큼 커질 수밖에 없다. 또한 매매가 실시간으로 이뤄진다는 장점과 더불어 투자자가 ETF를 조합해서 직접 나만의 포트폴리오를 짤 수 있다는 점도 장점이다.

　퇴직연금 계좌는 은퇴 시점을 고려해 긴 호흡으로 장기 투자하는 것이 중요하다. 이런 점에서 변동성이 심하고 중장기 성적이 부진한 국내 주식형보다는 미국주식형 펀드를 통해서 수익률을 높이는 것이 좋다.

　정효영 미래에셋증권 연금컨설팅본부장은 "성장 가능성이 높은 곳에 최소 10개 이상의 상품으로 분산투자하는 것이 좋다"며 "예를 들어 미국 증시 투자 상품에 비중을 50% 이상 두고 인도, 베트남 등 신흥 시장에 분산투자하는 전략을 고려해볼 수 있다"고 말했다.

S&P500, 나스닥100 ETF가 기본

퇴직연금에 편입할 ETF는 유행에 편승하는 테마형 ETF보다 S&P500, 나스닥100 등 대표 지수형 ETF를 선택하는 편이 낫다는 것이 전문가들의 설명이다. 대표 지수형 ETF는 우량주 위주로 편성되어 변동성이 낮기 때문이다. 이런 관점에서 가장 먼저 추천할 수 있는 ETF로는 'KODEX 미국S&P500' 'TIGER 미국나스닥100' 등이 있다.

이 같은 기초 지수형 ETF는 수수료가 다른 상품들보다 낮다는 장점도 있다. 올해 초 국내 ETF 업계 점유율 1위 삼성자산운용(KODEX)

과 2위 미래에셋자산운용(TIGER)이 수수료 경쟁에 나서면서 이 ETF들의 총보수율은 0.0062~0.0068%까지 낮아졌다. 투자자 입장에서는 미국 지수형 ETF로 편입할 이유가 더 많아진 셈이다.

M7 비중 높여 공격적으로

조금 더 공격적으로 퇴직연금 계좌 수익률을 높이고 싶은 투자자라면 기술주 비중이 높은 ETF를 눈여겨볼 만하다. 'TIGER 미국테크TOP10 INDXX'가 대표적인 상품이다.

이 ETF는 Indxx, LLC에서 발표하는 'Indxx US Tech Top 10 지수(원화환산)' 지수를 추종한다. 미국 나스닥 상장 주식 중 미국의 금융데이터 기업인 FactSet Industry 기준으로 'Tech-Oriented' 기업이 속하는 섹터를 선별한 뒤 시가총액 상위 10개 종목으로 구성한다.

'ACE 미국빅테크TOP7 Plus'는 Solactive AG가 발표하는 'Solactive US Big Tech Top 7 Plus Price Return Index'를 따른다. 미국 나스닥 상장 빅테크 기업 시가총액 상위 7개 기업으로 구성되어 있다. 국내 상장 빅테크 ETF 가운데 1년 자금유입액 1위를 차지한 상품이다. 2025년 8월 기준 1년 수익률은 32.8%에 달한다.

엔비디아부터 JP모건까지

특정 기업이나 산업군에 투자하고 싶다면 테마형 ETF를 일부 편입해 포트폴리오를 다양화할 수 있다. 'ACE 엔비디아밸류체인 액티브'는 AI 반도체 산업의 중심에 있는 엔비디아(18.09%)를 중심으로 TSMC(13.58%), 브로드컴(10.99%), ASML홀딩ADR(7.20%), 퀄컴(4.82%) 등 AI 관련주를 편입한 상품이다.

'SOL 미국AI 전력인프라'는 콘스텔레이션에너지를 비롯해 뉴스케일파워, 오클로, 버티브홀딩스 등을 담고 있다. 전략 인프라주는 AI 산업 발전의 핵심 변수로 떠오르면서 주목 받고 있다. AI가 고도화하면서 데이터센터가 막대한 전력을 필요로 하자, 빅테크는 안정적으로 전력을 확보하기 위한 방안을 찾고 있다.

'RISE 미국은행TOP10'은 JP모건체이스(비중 19.9%), 뱅크오브아메리카(17.3%), 웰스파고(12.6%), 모건스탠리(11%), 골드만삭스(10.2%), 씨티그룹(7.6%) 등 미국 대형은행 시가총액 상위 10개 종목에 분산투자한다. 미국의 금융규제 완화 시 수혜를 기대할 수 있는 투자수단으로 꼽힌다.

'KODEX 미국AI테크TOP10+15%타겟커버드콜'은 AI 관련주의 높은 수익률에 더해 매달 안정적인 배당수익까지 기대할 수 있는 상품이다. 엔비디아, 브로드컴, AMD, TSMC, 메타, 애플, 알파벳, 테슬라, 마이크로소프트, 아마존 등 AI 핵심주 10개에 투자한다. 동시에 자산의 20~40%는 커버드콜 전략으로 운용한다. 이 ETF는 매주 시장 상황에 따라 변동성이 커질 것으로 예상되는 구간에서는 커버드콜 자산을 늘리고, 변동성이 적을 것으로 예상되는 구간에서는 줄인다. 이를 통해 매달 1.25%(연 15%) 수준의 월 배당 지급을 목표로 운용한다.

초과수익 추구하는 액티브 ETF

펀드매니저가 종목을 골라 비중을 조절하는 액티브형 ETF도 있다. 미국주식에 투자할 때 가장 참고할 만한 운용사 중에는 타임폴리오자산운용이 있다. 헤지펀드 명가로 잘 알려져 있는 이 운용사는 다른 운용사들과 달리 액티브 방식으로만 ETF를 운용한다.

서울대학교 주식 투자동아리 '스믹'의 1기 멤버인 황성환 대표가 이끄는 타임폴리오자산운용은 펀드매니저 지망생들이 가장 입사하고 싶어 하는 운용사로도 알려져 있다.

이 운용사의 대표 펀드인 'TIMEFOLIO 글로벌AI인공지능액티브' ETF의 2024년 수익률은 90.06%로, 같은 기간 나스닥지수(28.64%)보다 3배 가까이 높았다. 이 ETF는 테슬라(7.67%)를 비롯해 엔비디아(7.33%), 팔란티어(5.8%), 알파벳(5.10%), GE버노바(5.03%), 콘스틸레이션 에너지(4.9%), 비스트라(4.24%) 등을 편입하고 있다.

• 연금계좌에 넣으면 좋은 ETF TOP 10

순위	종목
1	KODEX 미국S&P500
2	TIGER 미국나스닥100
3	TIGER 미국테크TOP10 INDXX
4	ACE 미국빅테크TOP7 Plus
5	ACE 엔비디아밸류체인 액티브
6	SOL 미국 AI 전력인프라
7	KODEX 미국AI테크TOP10+15%타겟커버드콜
8	RISE 미국은행TOP10
9	TIMEFOLIO 글로벌AI인공지능액티브
10	TIMEFOLIO 미국나스닥100액티브

2024년에 84.08%의 수익률을 기록한 'TIMEFOLIO 미국나스닥100액티브'도 눈여겨볼 만하다. 이 ETF의 포트폴리오는 테슬라(8.93%), 마이크로스트래티지(7.93%), 엔비디아(7.42%), 알파벳(6.40%), 메타(5.61%), TSMC(5.02%), 코인베이스(4.84%), 브로드컴(4.54%) 등으로 구성되어 있다.

다만 이 같은 액티브형 ETF는 펀드매니저의 운용능력에 따라 수익률이 크게 차이날 수 있다는 점을 감안해서 투자해야 한다.

퇴직연금 고수들은 무얼 담았을까?

국내 퇴직연금 고수들의 포트폴리오에는 공통점이 있다. 그들은 미국 지수형 ETF의 비중을 집중적으로 높여 장기간 보유하면서 두 자릿수에 달하는 수익률을 내고 있다.

국내 퇴직연금 고수들은 주로 미국주식형 상장지수펀드(ETF)에 집중 투자해 두 자릿수에 달하는 수익률을 내고 있다. 미국 S&P500지수는 2024년 말 기준으로 10년간 연평균 13% 상승하며 우상향했다. 이에 미국 대표 지수형 ETF와 미국 배당 ETF에 적립식으로 투자하는 것이 트렌드로 자리 잡고 있는 것이다.

미래에셋증권의 퇴직연금(DC/IRP) 가입자 중, 2024년 말 기준으로 수익률 상위 10%의 투자 내용을 분석한 결과, 이들이 가장 많이

• **퇴직연금 상위 10% 고수의 수익률** (단위: %)

평균: 33.61	최저: 24.55	최고: 96.97

주: 2023.11~2024.10 기준 출처: 미래에셋증권

보유한 'TOP 10' ETF는 모두 미국주식 관련 상품이었다. 평균 수익률은 33.61%에 달했다. 수익률 1위는 96.97%에 이르는 수익을 냈다. 1년 만에 퇴직연금을 2배로 불린 셈이다. 수익률 상위 10% 중 가장 낮은 수익률을 낸 가입자의 수익률도 24.55%였다.

나스닥100 ETF를 고수들은 선호

퇴직연금 고수들이 가장 많이 보유한 상품은 미국 나스닥100지수를 추종하는 'TIGER 미국나스닥100'이었다. 미국 증시가 급등하면서 1년간 수익률이 42.15%에 달했다. 이 외에도 높은 수익률을 낸 'TIGER 미국S&P500'(38.95%) 'KODEX 미국나스닥100TR'(41.65%) 등 미국 지수형 상품에 투자가 집중되었다. 'TIGER 미국테크TOP10 INDXX'(61.57%)과 'TIGER 미국필라델피아반도체나스닥'(55.66%) 등 미국 기술주 ETF도 고수들의 선택을 받았다.

 국내 주식형 ETF는 점점 연금고수들의 보유 상위 종목에서 찾아보기 힘들다. 2022년에는 연간 수익률 상위 10%가 보유한 TOP 10 종목 가운데 'TIGER 여행레저'(5위) 'KODEX 보험'(10위) 등 국내 주식형 ETF도 이름을 올렸다. 그러다가 2023년에는 'TIGER 2차전지테마'(8위) 한 개로 줄더니 최근에는 국내 주식형 ETF가 연금고수 보유 상위 종목 목록에서 아예 사라졌다.

- **퇴직연금 수익률 상위 10%의 ETF 포트폴리오** (단위: %)

종목	수익률
TIGER 미국나스닥100	42.15
TIGER 미국S&P500	38.95
TIGER 미국테크TOP10 INDXX	61.57
TIGER 미국필라델피아반도체나스닥	55.66
KODEX 미국S&P500TR	41.65
KODEX 미국나스닥100TR	43.61
ACE 테슬라밸류체인액티브	18.66
ACE 미국나스닥100	42.17
KODEX TRF3070	17.17
ACE 미국S&P500	38.85

주: 2023.11~2024.10 기준 보유액 상위 종목순 출처: 미래에셋증권

    수익률 하위권 가입자의 포트폴리오를 보면 주로 2차전지 ETF를 많이 편입하고 있었다. 하위권 가입자 보유 비중 2위인 'TIGER 2차전지소재Fn'는 1년간 약 43.7% 하락했다. 5위 'TIGER 2차전지테마' -36.01%, 7위 'KODEX 2차전지산업' -39.6%, 8위 'TIGER 2차전지TOP10' -36.7% 등의 2차전지 테마형 ETF가 수익률에 악영향을 끼친 것으로 나타났다.

★ 메이트북스는 독자의 꿈을 사랑합니다

미국주식 왕초보가 꼭 알아야 할 기본
주린이도 술술 읽는 친절한 미국주식책
최정희·이슬기 지음 | 값 18,000원

이 책은 주식 투자의 새로운 길을 열어주는 미국주식 투자 입문서이다. 미국주식을 왜 해야 하는지, 어떻게 하는 것인지, 미국주식 투자할 때 반드시 알아야 하는 것은 무엇인지 등 미국주식 투자의 기본 중의 기본, 핵심만을 샅샅이 모아 초보자들의 눈높이에 맞춰 친절하게 설명했다. 마지막 장에는 국내주식, 미국주식 투자자들이 꼭 알아야 할 주식용어를 실었다. 이 책을 통해 더 넓은 미국주식 투자의 세상을 항해해보자.

한국 주식시장에서 돈 벌려면 모멘텀 투자가 답이다!
한국형 모멘텀 투자 실전 매매법
이가근 지음 | 값 24,000원

이제 가치투자가 아닌 모멘텀 투자의 시대가 왔다. 이 책은 한국 주식시장에 가장 적합한 모멘텀 투자를 통해 수익률을 올리는 노하우를 담았다. 개인투자자들이 전문가 못지않게 정보를 잘 활용하고 자신만의 투자 방식과 해답을 찾을 수 있도록 이끈다. 이 책에서 다루는 내용을 실제 시장에서 나타나는 새로운 현상들과 비교하며 자신의 노하우로 체화한다면, 자신만의 완성된 투자 기법을 만들어낼 수 있을 것이다.

트럼프 2.0 시대 수혜주 50선을 파헤치다!
트럼프 2.0 시대에 사야 할 주식
이상헌 지음 | 값 19,000원

트럼프 2.0 시대가 도래함에 따라 정책 패러다임이 변화하면서 우리나라 주식시장에도 매우 큰 영향을 미치고 있다. 다년간 주식시장을 분석해오며 베스트 애널리스트에 선정되기도 했던 저자는 트럼프 2.0 시대에 성공적인 주식 투자를 위해 주목해야 할 유망주 50곳을 제시한다. 트럼프 2.0 시대에서 성공적인 주식 투자에 대한 명확한 방향을 잡고자 한다면 이 책이 좋은 기회를 잡는 데 도움이 될 것이다.

갈등이 경제를 이끄는 시대의 투자법
이승조의 4등분 주식 매매법
이승조 지음 | 값 32,000원

고령화 사회로 접어들면서 은퇴자들은 스스로 노후를 준비해야 하지만, 주식 투자를 위험하다고 생각해 도전하기 어려워한다. 40년간 주식시장에서 매매를 이어온 실전 고수인 저자는 이들의 두려움을 덜어주기 위해 실전 매매 방법인 '4등분법칙'을 소개한다. 이 책을 통해 누구나 종목의 매수·매도 자리를 쉽게 판단하고 실행할 수 있을 것이다.

'염블리' 염승환과 함께라면 주식이 쉽고 재미있다
주린이가 가장 알고 싶은 최다질문 TOP 77
염승환 지음 | 값 18,000원

유튜브 방송 〈삼프로 TV〉에 출연해 주식시황과 투자정보를 친절하고 성실하게 전달하며 많은 주린이들에게 사랑을 받은 저자의 첫 단독 저서다. 20여 년간 주식시장에 있으면서 경험한 것을 바탕으로 주식 투자자가 꼭 알아야 할 지식들만 알차게 담았다. 독자들에게 실질적으로 도움이 되고자 성실하고 정직하게 쓴 이 책을 통해 모든 주린이들은 수익률의 역사를 새로 쓰게 될 것이다.

주식 왕초보가 꼭 알아야 할 기본
주린이도 술술 읽는 친절한 주식책
최정희·이슬기 지음 | 값 15,000원

많은 사람들에게 주식 투자는 필수가 되었다. 다들 주식을 한다기에 덩달아 시작했는데 정작 주식을 잘 모르는 당신! 주식과 채권과 펀드는 어떻게 다른 건지, 주식거래는 어떻게 하는 건지, 돈 되는 좋은 종목은 어떻게 찾아야 하는지, 경제와 주식은 어떤 관계를 가지고 있는지, 차트를 어떻게 보고 활용해야 하는지, 현재 돈이 몰리는 섹터는 어디인지 등 그간의 궁금증을 모두 풀어보자.

초보자가 꼭 알아야 할 배당투자의 기본!
주린이도 술술 읽는 친절한 배당투자
안혜신·김인경 지음 | 값 19,000원

예금이나 적금만으로는 돈을 모으기 어려운 시대가 되었다. 그렇다고 주식을 시작하기엔 오히려 돈을 잃을까 봐 두려움이 앞선다. 10년 이상 금융 분야를 취재해 온 두 저자는 안정적으로 수익을 챙길 수 있는 배당투자를 추천한다. 노후 대비를 위한 투자로 잘 알려진 배당투자에 대해 기본 개념부터 최신 동향, 주의 사항까지 친절히 설명한다. 배당투자에 입문하고 싶거나 투자를 하지만 계속 손해만 본다면 이 책을 통해 현명한 투자법을 터득할 수 있을 것이다.

현장에서 전하는 기자들의 생생한 반도체 취재수첩
술술 읽히는 친절한 반도체 투자
팀 포카칩(For K-chips) 지음 | 값 18,900원

반도체는 IT 기술, 의료 기술 등 다양한 분야에서 필수재이며 글로벌 경제 및 기술의 미래 변화에도 영향을 미치기 때문에 반도체 산업을 이해하는 것이 중요하다. 반도체 현장을 취재하던 기자들과 국회 보좌진 등이 만든 연구모임 '팀 포카칩'이 반도체에 대해 A부터 Z까지 모든 것을 담은 책을 출간했다. 반도체 산업의 구조와 기술이 변화무쌍한 이 시점에서 반도체에 대한 큰 틀을 보다 쉽게 파악하는 데 이 책이 도움이 될 것이다.

다가올 3년, 금융시장의 미래를 말한다
THE GREAT SHIFT 대전환기의 투자전략
신동준 지음 | 값 19,000원

팬데믹 이후 저성장·저물가·저금리의 '뉴 노멀(New Normal)'은 고성장·고물가·고금리의 '넥스트 노멀(Next Normal)'로 바뀌고 있다. 채권투자 전략과 자산배분전략 분야에서 수차례 베스트 애널리스트 1위에 선정된 저자는 이 책에서 데이터와 논리에 기반해 '넥스트 노멀'의 추세를 낱낱이 분석한다. 주류 이론과는 다른 주장으로 통찰력을 제공하는 이 책이 경제 흐름을 다각도로 보는 데 큰 도움이 될 것이다.

1분 이하 영상으로 돈 버는 숏폼러
유튜브보다 10배 쉬운 숏폼으로 억대 연봉 벌기
선가이드 지음 | 값 18,000원

이른바 숏폼의 시대가 도래했다. 이 책에서는 콘텐츠 제작자와 수용자의 경계가 허물어지고 있는 시대의 움직임을 예리하게 포착하고, 플랫폼의 주된 고객층인 MZ세대의 특성을 파악해 트렌드에 부합하는 매체로써 숏폼을 제안한다. 숏폼을 통해 인플루언서로서의 영향력이나 사업 마케팅을 통한 수익과 같은 사회적 가치를 극대화시킬 수 있는 방법에 대해 면밀히 다루고, 특별히 숏폼의 성장 비법도 아낌없이 공개한다.

김학주 교수가 들려주는 필승 투자 전략
주식 투자는 설렘이다
김학주 지음 | 값 18,000원

우리가 주식 투자를 하는 이유는 투자한 돈 이상으로 수익을 얻기 위해서다. 그런데 왜 당신은 늘 투자한 돈을 잃는 걸까? 여의도에서 손꼽히는 최고의 애널리스트로서 펀드매니저부터 최고투자책임자에 이르기까지 각 분야에서 최고를 달린 김학주 교수가 개인투자자들을 위한 투자전략서를 냈다. 최고의 애널리스트는 주식시장의 흐름을 과연 어떻게 읽는지, 그리고 어떤 철학과 방법으로 실전투자에 임하는지 이 책을 통해 배운다면 당신도 이미 투자에 성공한 것이나 다름이 없을 것이다.

거스를 수 없는 주식 투자의 빅트렌드, 로봇
최고의 성장주 로봇 산업에 투자하라
양승윤 지음 | 값 18,000원

로봇 산업이 현대 사회의 핵심 산업으로 떠올랐다. 인공지능과 로봇공학의 발전으로 이 산업은 전례 없는 성장세를 보이며 새로운 혁신을 이끌어내고 있는 만큼 향후 수년간 투자 여건이 형성될 것으로 보인다. 로봇 산업의 태동과 성장으로 투자기회는 보이지만, 아직은 이 분야가 생소한 이들에게 이 책은 로봇 산업 전반에 대한 흐름을 짚어줌으로써 투자에 대한 큰 그림을 그릴 수 있게 돕는다.

미래를 알면 돈의 향방이 보인다
곽수종 박사의 경제대예측 2025-2029
곽수종 지음 | 값 19,800원

소중한 재산을 지키고 싶거나 경제활동을 하거나 기업을 경영하고 있다면 5년 정도의 중장기적인 경제 예측 정도는 가지고 있어야 한다. 이 책은 주요 국가들의 경제 환경 분석을 통해 세계경제의 중장기 미래를 예측하고, 나아가 위기에 처한 한국경제의 지속가능한 성장 전략을 제시한다. 모든 수준의 독자들이 쉽게 이해할 수 있게 쓰여진 이 경제전망서를 통해 향후 5년간의 세계경제를 예측하고 대응하는 통찰력을 기를 수 있을 것이다.

돈의 흐름을 아는 사람이 승자다
다가올 미래, 부의 흐름
곽수종 지음 | 값 18,000원

국가, 기업, 개인은 늘 불확실성의 문제에 직면한다. 코로나19 팬데믹과 러시아-우크라이나 전쟁 등은 분명한 '변화'의 방향을 보여주고 있다. 국제경제에 저명한 곽수종 박사는 이 책에서 현재 경제 상황을 날카롭게 진단한다. 이 책에서는 인플레이션 압력과 경기 침체 사이의 끝을 가늠하기 어려운 경제위기 상황 속에서 이번 위기를 넘길 수 있는 현실적인 방안을 모색한다.

인공지능이 경제를 이끄는 시대의 투자법
AI 시대의 부의 지도
오순영 지음 | 값 19,800원

생성형 AI 같은 기술의 놀라운 성장에 따라 분석, 예측 및 개인화 기술이 놀랍도록 성장했다. 금융 IT 분야의 전문가인 저자는 생성형 AI 기술을 자산관리에 사용하는 데 도움이 될 내용을 담았다. 이 책은 AI 시대를 채우고 있는 기술, 기업, 비즈니스를 어떻게 받아들여야 하는지, AI 시대에 무엇을 보고 어떻게 해석해야 할지를 알려주고 있다. 지금은 AI 시대를 해석하는 능력이 곧 부의 추월차선을 결정하는 시대이기 때문이다.

이제 완전히 새로운 해법으로 세상과 경제를 읽어야 할 때다!
다가올 5년, 미래경제를 말한다
유신익 지음 | 값 21,000원

요즘같이 하루가 다르게 급변하는 시기에 이 책은 혼돈의 경제를 읽어내는 새로운 해법을 제시한다. 저자는 특별히 기축통화국의 경제정책 방향에 따른 글로벌 국가들의 통화주권의 중요성을 강력하게 분석하고 대안을 제시한다. 현대 사회는 각 개인이 직접 혹은 간접투자를 통해 자기 자산을 적극적으로 관리하고 증가시키는 시대인 만큼 세계 경제의 움직임이나 우리나라 경제의 변화에 대해 나만의 답을 가지고 있어야 한다. 이 책이 그 해답을 찾는 데 방향을 제시해줄 것이다.

■ 독자 여러분의 소중한 원고를 기다립니다

메이트북스는 독자 여러분의 소중한 원고를 기다리고 있습니다. 집필을 끝냈거나 집필중인 원고가 있으신 분은 khg0109@hanmail.net으로 원고의 간단한 기획의도와 개요, 연락처 등과 함께 보내주시면 최대한 빨리 검토한 후에 연락드리겠습니다. 머뭇거리지 마시고 언제라도 메이트북스의 문을 두드리시면 반갑게 맞이하겠습니다.

■ 메이트북스 SNS는 보물창고입니다

메이트북스 홈페이지 matebooks.co.kr

홈페이지에 회원가입을 하시면 신속한 도서정보 및 출간도서에는 없는 미공개 원고를 보실 수 있습니다.

메이트북스 유튜브 bit.ly/2qXrcUb

활발하게 업로드되는 저자의 인터뷰, 책 소개 동영상을 통해 책에서는 접할 수 없었던 입체적인 정보들을 경험하실 수 있습니다.

메이트북스 블로그 blog.naver.com/1n1media

1분 전문가 칼럼, 화제의 책, 화제의 동영상 등 독자 여러분을 위해 다양한 콘텐츠를 매일 올리고 있습니다.

STEP 1. 네이버 검색창 옆의 카메라 모양 아이콘을 누르세요. STEP 2. 스마트렌즈를 통해 각 QR코드를 스캔하시면 됩니다.
STEP 3. 팝업창을 누르시면 메이트북스의 SNS가 나옵니다.